Chi An Kuei

Chinesische Handdeutung

CHI AN KUEI

CHINESISCHE HANDDEUTUNG

MOEWIG

3. Auflage

Originalausgabe

Textbearbeitung: Dr. Petra Gallmeister
Umschlagentwurf und -gestaltung: Meinolf Paul, Berlin
Umschlagmotiv: Image Bank/Steve Krongard
Illustrationen im Innenteil: Chi An Kuei
Druck und Bindung: Graphischer Großbetrieb Pössneck
Printed in Germany 1993
ISBN 3-8118-1104-5

Inhalt

Die wichtigsten Linien

Die Deutung der Nebenlinien

Die Kunst der chinesischen Handdeutung

Ursprung und Geschichte

Zu den ältesten Fragen der Menschen gehören die Fragen nach dem Schicksal, nach dem Wesen des einzelnen und vor allem – nach der Zukunft. Schon in frühester Zeit versuchte man, eine Antwort in der Hand – in ihrer Form und in ihren Linien – zu finden.

Allerdings verlieren sich die Anfänge der Handlesekunst im Dunkel der Vergangenheit, weil sie aufgrund ihrer esoterischen beziehungsweise religiösen Wurzeln lange Zeit nur mündlich überliefert wurden. Sowohl die Esoterik als auch die Prophetie wollten ihre Erfahrungen nicht der Allgemeinheit zugänglich machen, sondern gaben sie unter dem Siegel der Verschwiegenheit nur an wenige Eingeweihte weiter. Es läßt sich daher nicht genau sagen, wo und wann die sogenannte Chiromantie geboren wurde.

Modernen Erkenntnissen zufolge ist sie höchstwahrscheinlich im Osten entstanden. Schriftliche Aufzeichnungen finden sich in Indien in den wedischen Schriften, die bereits 2000 v. Chr. entstanden sind. Auch in der Bibel kommt die Handlesekunst bereits vor; im Buch Hiob heißt es wörtlich: „Auf aller Menschen Hand drückt er ein Siegel, daß alle Menschen seine Taten spüren." (Hiob 37, 7) Ebenso existieren in China Schriften, die Jahrtausende alt sind. Beim Lesen dieser Texte spürt man, daß sie auf Erkenntnissen und Erfahrungen aus frühester Zeit aufbauen. Für sie spiegelt die Hand das innere Wesen des Menschen wider. Sie macht die Einordnung des Menschen in einen größeren Zusammenhang deutlich –

durch Vereinigung des an sich Gegensätzlichen. Denn nach alter chinesischer Tradition gibt es keine Gegensätze, sondern nur zwei sich ergänzende Ausdrucksformen, die einer gleichen Wurzel entstammen.

In den Westen gelangte die Chiromantie über die alten Griechen, die mit dem Osten Handel trieben. Die frühesten schriftlichen Zeugnisse stammen von Aristoteles. Die großen Persönlichkeiten der Antike wie Platon, Galen oder Hippokrates befaßten sich mit der Handdeutung. Keiner von ihnen hat jedoch schriftliche Aufzeichnungen gemacht. Die mühsam erworbenen Erkenntnisse wurden Jahrhunderte hindurch nur mündlich weitergegeben.

Die ersten europäischen Aufzeichnungen stammen aus dem 14./15. Jahrhundert. Diese alten Texte behandeln bevorzugt die Hauptlinien der Hand, nämlich Herzlinie, Kopflinie und Lebenslinie. Erst im 16. Jahrhundert werden auch die Berge und Dreiecke erwähnt, und es finden sich zahlreiche Beziehungen zur Astrologie, zum Beispiel bei den Namen der Berge in den Handflächen (Jupiterberg, Venusberg usw.). Dieser Beziehung liegt das Wissen um die kosmische Allverbundenheit des Lebendigen zugrunde.

In China gehört die Handdeutung zu den Künsten, die das Schicksal prophezeien, und deshalb hat man viele Namen und Symbole aus der alten Astrologie und Philosophie dafür verwendet.

In Asien und besonders in China zweifelt niemand an der Wissenschaftlichkeit der Handdeutung. Frei von religiöser Ideologie ordnet sie sich in das kulturelle Leben ein und gilt für jedermann als selbstverständlich.

Man unterscheidet dabei die Wissenschaft, die sich mit der Erforschung des Menschen beschäftigt, und die himmlischen Zeichen, die Symbole, die Astrologie. Bei der Erforschung des Menschen handelt es sich um die Relation zwischen den äußeren (körperlichen) Erscheinungen und den tieferen Gefühlen und Gedanken. Hierzu gehören Handdeutung und Gesichtsdeutung.

Der Begriff Chiromantie stammt aus dem Griechischen, *cheir* bedeutet Hand und *manteia* heißt Wahrsagung. Er beschreibt die Beschäftigung mit den auf der Handfläche befindlichen Linien und den Papillaren auf den Fingerkuppen. Dieses sogenannte Wirbelmuster wurde zum Beispiel erstmals Anfang des 12. Jahrhunderts von dem chinesischen Philosophen Su Tung-Po schriftlich festgehalten. Er stellte bereits damals Untersuchungen darüber an, daß die Fingerabdrücke bei jedem Menschen verschieden sind.

Neben der Chiromantie kennt man noch den Begriff der Chirognomie. Sie bezeichnet das Studium der Handform, ihrer Festigkeit, Farbe und Beweglichkeit. Unter Chirologie dagegen versteht man die gesamten Studien und Erfahrungen, die eine vollständige chiromantische Deutung möglich machen.

Praktische Anleitung für den Leser

Eine Gesamtdeutung hat viele verschiedene Elemente zu berücksichtigen. Sie muß sie miteinander vergleichen und gegeneinander abwägen. Dies setzt ein hohes Maß an Interpretationskunst und intuitive Anlagen voraus sowie die Fähigkeit, viele Elemente zusammenzufassen.

Sinn der Handdeutung ist nicht nur, die Vergangenheit oder Zukunft zu deuten, sondern auch, Situationen zu erkennen und das Erkannte im täglichen Leben umzusetzen.

Man sollte sie nicht als unabänderliche Prognose betrachten, sondern als ein Mittel zur Selbsterkennung und Selbstverwirklichung. Mit diesem Buch möchte ich Ihnen die Möglichkeiten dazu aufzeigen und einen kleinen Einstieg in die Kunst der Handdeutung vermitteln.

Bevor man mit dem Handlesen beginnt, muß man unterscheiden, ob es sich um die Hand einer Frau, eines Mannes oder eines Kindes handelt. Die Handfläche des Mannes ist meist größer als die einer Frau. Bei einer Frau ist die Form der Finger besonders wichtig. Bei Jugendlichen und Kindern sollte die Deutung der Zukunft offenbleiben, da die Linien noch nicht manifestiert sind. Dies gilt auch für die Berechnung von bestimmten Zeitpunkten. Hier muß man sehr zurückhaltend mit seinen Beurteilungen sein und übereilte Schlußfolgerungen vermeiden. Bevor Sie fremden Leuten aus der Hand lesen, müssen Sie sicher sein, daß Sie sich mit der Materie gut auskennen. Deshalb beginnt man am besten mit der Deutung der eigenen Hand. Denn Selbsterkenntnis bildet die Voraussetzung für die Handlesekunst. Vergessen Sie nicht, daß Sie selbst das beste Beispiel sind.

Hindernisse und Probleme werden durch verschiedene Zeichen angezeigt. In solchen Fällen sollten Sie sich mit den Ursachen beschäftigen und über die Auslöser und Zusammenhänge nachdenken. Probleme und Hindernisse sollten nicht als unlösbare Gegebenheiten betrachtet werden. Sie bringen meistens neue Ereignisse mit sich, Veränderungen, die zu einer neuen Orientierung führen.

Handlesen ist eine wertvolle Kunst, die uns die Möglichkeit gibt, bei Entscheidungen den einen oder anderen Weg einzuschlagen und so das Schicksal entsprechend zu beeinflussen.

Die Geheimnisse der Hand

Die Symbole und ihre Deutung

Abgesehen von den Linien und den Palästen wird die Hand auch von kleinen Zeichen, wie Sternen, Kreuzen, Dreiecken und Inseln überzogen. Diese Symbole prägen wir unserer Hand unbewußt und teils automatisch durch immer wiederkehrende manuelle Tätigkeiten und Handhaltungen ein. Diese Zeichen haben, je nachdem wo Äste oder Abzweigungen auftauchen, eher allgemeine oder auch sehr spezifische Bedeutung.

Im folgenden werden die Eigenschaften einiger häufig vorkommender Zeichen erklärt. Jene Zeichen, die nur auf bestimmten Linien oder Palästen von Bedeutung sind, finden sich dort.

Der Stern

Der Stern entsteht durch den Zusammenschluß mehrerer kleiner Linien um einen Mittelpunkt.

Meist kündigt der Stern ein Ereignis an, das schicksalhaft von außen auf uns zukommt, das also ohne den Einfluß unseres eigenen Willens geschieht und das manchmal als verhängnisvoll empfunden wird. Im Stern geraten einzelne kleine Linien in einen Strudel und drehen sich gewissermaßen um sich selbst. Der Wirbel, der dabei erzeugt wird, wird im allgemeinen als unangenehm erlebt. Allerdings enthält der Stern durchaus ein positives Element. Unter Umständen kann eine Sternphase sogar ausgesprochen glückverheißend sein.

Die Insel

Die Insel entsteht durch den Einschluß einer kleinen Fläche von zwei Linien, die sowohl Haupt- als auch Nebenlinien sein können. Sie repräsentiert in der Sprache unserer Hände alle Momente des Isoliertseins, der Trauer und des Abgeschnittenseins. Als wichtige Krisenmomente in unserem Dasein können sie, wenn sie überwunden werden, einen wesentlichen Abschnitt unserer Selbstfindung darstellen. In der Insel werden gewissermaßen die Schlacken unserer Existenz aufgefangen. Meist handelt es sich um Probleme, denen wir immer wieder begegnen und die wir immer wieder wegzuschieben suchen. Stellen wir uns jedoch dieser Aufgabe, werden in den Momenten des Alleinseins in uns Kräfte geweckt, die uns aus dem Unbewußten helfen, diese Probleme endgültig zu bewältigen. Unsere Wirkung und Ausstrahlung auf die Außenwelt ist allerdings zu dieser Zeit eingeschränkt.

Das Kreuz

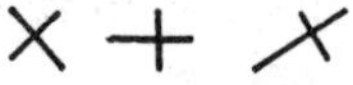

Das Kreuz entsteht durch das Zusammentreffen zweier Linien, die sich schneiden. Auch hier können Haupt- oder Nebenlinien beteiligt sein.

Das Kreuz wird oft als Hemmnis empfunden. In ihm drückt sich ein starkes Spannungsverhältnis aus, wobei zwei widerstrebende Kräfte gegeneinander arbeiten. Liegt das Kreuz auf einer Linie, muß man tatsächlich eine Art Block, eine Schallmauer durchkreuzen.

Das Kreuz kann der Beginn eines Sterns sein. Generell kann man sagen, daß das Kreuz vielen Änderungen unterliegt.

Der Kreis

Auch der Kreis wird als Stauung, als Blockade, als Nachlassen der Widerstandskraft erlebt. Die Energie wird im Kreis praktisch gesammelt und hat keine Möglichkeit, nach außen zu treten. Unter Umständen kann dieser Prozeß selbstzerstörerisch sein, wenn es nicht gelingt, den Kreis wieder zu öffnen.

Das Viereck

Im Viereck ist die absolute Geschlossenheit, das harmonische Gleichgewicht beschrieben. Phasen ungewöhnlicher Ruhe, die allerdings nichts mit Stagnation zu tun haben, sind die innere Bedeutung dieses Symbols.

Das Dreieck

Auch das Dreieck ist ein harmonieversprechendes Symbol. Allerdings ist es – da spitz – mehr im dynamischen Bereich angesiedelt. Die Kraft findet hier ihre Richtung, wobei aber dennoch Stabilität und Sicherheit das grundsätzliche Lebensgefühl bestimmen.

Das Feld

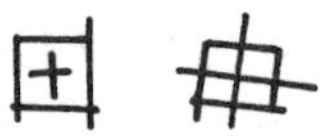

Es gibt fruchtbare und unfruchtbare Felder. Aber in der Hand hat das Feld-Zeichen immer eine positive Bedeutung. Es zeigt die Möglichkeit an, durch Fleiß Reichtum zu erwerben.

Der Punkt

Der Punkt bedeutet immer ein Ereignis. Dieses Ereignis führt zu einer Situation, in der man mehr an die Zukunft denken und etwas aktiver werden soll. Man kann den Punkt als Station der Ereignisse betrachten und versuchen, seine gesamte Energie aufzubringen, um die Situation zu verbessern.

Ein Punkt ist meistens der Beginn eines anderen Zeichens. Deshalb soll man gut überlegen, bevor man eine endgültige Entscheidung trifft.

Das M

Das Zeichen M sieht aus wie der Buchstabe M. Es wird von der Lebens-, Kopf- und Herzlinie gebildet. Buchstaben können den Einfluß eines Menschen auf das Zusammenleben mit anderen anzeigen. Aber meistens kennzeichnen sie eine starke Verbindung mit der Familie. Das M ist ein Zeichen für Erbsubstanzen. Es kann die körperlichen Anlagen oder die Konstitution symbolisieren. M gleich Machen, Macht, Moral, Mehr. Das hat schon seine Bedeutung. Macht kommt von machen, aber Menschen mit diesem Zeichen müssen hart dafür arbeiten. Dabei sind Träger dieses Zeichens gutherzig und oft der Gefahr ausgesetzt, von anderen ausgenutzt zu werden. Kräftig und vital, risikofreudig und anziehend ist ihr Erscheinungsbild.

Beim Mann zeigt das M in der rechten Hand die Vererbung von der mütterlichen Seite, in der linken Hand das väterliche Erbgut. Bei der Frau ist es genau umgekehrt.

Unterschiede zwischen der rechten und der linken Hand

In China werden alle Geschehnisse, auch die alltäglichen, nach dem Yin-Yang-Prinzip eingeordnet. Yang bezeichnet das Männliche, das Aktive, Yin das Weibliche, Passive. Beide gehören untrennbar zusammen. Man könnte sagen: Eins ist ohne das andere nicht möglich.

Dieses Wissen macht man sich in China nicht nur in der Medizin zunutze, sondern es läßt sich auch aufs Handlesen übertragen.

Die menschliche Hand ist wie ein lebendiges Telegramm, das ein geübter Beobachter zu lesen versteht. Und es gibt auf der ganzen Welt keine zwei gleichen Hände. Der größte Unterschied aber liegt im Geschlecht: Bei einer Frau symbolisiert die linke Hand ihre Veranlagung und ihre Fähigkeiten, das Leben zu meistern. Man könnte auch sagen, hier liegt ihr passives Kapital, das Yin.

Die weibliche rechte Hand könnte man als das ausführende Organ bezeichnen, den aktiven Teil, das Yang. Denn die Linien der rechten Hand ergeben sich aus den täglichen Geschehnissen, der Bewegung, aus den Schicksalsschlägen, aber natürlich auch den freudigen Ereignissen, unseren Liebeserlebnissen, eben aus dem Leben schlechthin. Die rechte weibliche Hand zeigt aber auch, wie die Zukunft aussehen wird, was passiert, was auf uns zukommt. Nicht von ungefähr heißt es in einem alten Sprichwort: „Das Schicksal liegt in unserer Hand."

Beim Mann funktioniert es genau umgekehrt: Bei ihm symbolisiert die linke Hand die Kraft, die Aktion, die Bewegung, das Yang. Sie zeigt, was die Zukunft für ihn bringen wird. Dagegen verdeutlich die rechte Hand sein passives Lebenskapital, das Yin.

Die Gestalt der Hand

Das Maß der Hand

Unter dem Maß der Hand versteht man ihr proportionales Verhältnis zum übrigen Körper. Denn es ist ja keinesfalls gesagt, daß ein großer Mensch zwangsläufig auch große Hände haben muß, ein kleiner dagegen kleine.

Aus dieser Proportionalität schließt man auf eine allgemeine Grundhaltung dem Leben gegenüber. Im wesentlichen geht es dabei um das Verhältnis, das man zu bestimmten Gegebenheiten hat, sei es das Raumgefühl, sei es die Anlage zu bestimmten Tätigkeiten.

Menschen mit proportional kleinen Händen haben oft eine starke Vorliebe für das Wuchtige, Große, Raumgreifende. In weiten Räumen fühlen sie sich wohl, während sie sich in engen Verhältnissen ungern aufhalten. Sie denken in großen Maßstäben und haben ein großzügig angelegtes Wesen. Es ist ihnen weitaus wichtiger, den Gesamtzusammenhang einer Sache zu erspüren, als sich durch Einzelschritte einer Erkenntnis zu nähern. Dabei ist die Begabung zur Detailarbeit durchaus vorhanden. Meist besitzt ein Charakter mit kleinen Händen sogar ein beträchtliches Maß an Geschicklichkeit.

In seiner Dynamik ist er flink und wachsam. Auffallend ist die geradezu instinktive Sicherheit, mit der er sich durch den Raum bewegt. Oft strahlt er eine große Geschlossenheit, einen harmonischen Gleichklang mit der Natur aus.

Menschen mit proportional großen Händen verspüren eher Angst vor zu großen Räumen. Dagegen können sie sich jederzeit in engen Verhältnissen einrichten, ohne Klaustrophobie zu verspüren.

Sorgfalt, wenn nicht gar Pedanterie kennzeichnet diesen Typus. Unter Umständen ist er sogar ein wenig zwanghaft in seiner hypergenauen Vorgehensweise. Große Schritte schätzt er nicht, er nähert sich den Dingen eher mit einer gewissen Vorsicht. Die Gesamtschau, das Erfassen innerer Zusammenhänge interessiert ihn weitaus weniger als das schrittweise Erfassen einzelner Fakten. Im Gegensatz zu Menschen mit kleinen Händen ist er eher der Tatsachenmensch, der gerne fixiert. Auch ist er meist von der Grundhaltung her sparsam und ökonomisch.

In seiner unmittelbaren privaten Umgebung zieht er die Distanz der Nähe vor. In dieser Hinsicht verträgt er wenig Enge.

Die Form der Hand

Die Form der Hand ist ein weiteres wichtiges Indiz für unsere Eigenschaften. Zu Beginn des Kapitels stelle ich Ihnen die neun Handformen vor, die am häufigsten erscheinen. Diese Einführung ist sozusagen das ABC der Handlesekunst.

Die eckige Hand

Menschen mit eckigen Händen sind praktisch veranlagte und tatkräftige Charaktere, die die Aktion zum Leben brauchen wie die Luft zum Atmen. Wenn sie nicht in Bewegung sein können, wenn sie kein Ziel, keine Aufgabe haben, reagieren sie ausgesprochen depressiv und verstimmt. Erzwungener Stillstand ist für sie eine Art Fegefeuer – lieber gehen sie ein paar Umwege, um ihre Wünsche zu befriedigen, als daß sie tatenlos die Hände in den Schoß legen. Diese Menschen besitzen eine starke Motivation, die sie wie ein innerer Motor immer nach vorne treibt.

Allerdings weist diese Handform auch darauf hin, daß man öfter einmal aneckt.

Geschmeidigkeit und diplomatisches Verhalten kann man nicht zu den Stärken eines Menschen mit dieser Hand zählen. Mitunter wirkt er in seinem Drang, sich durchzuboxen, fast ein wenig kantig – doch täuscht dieser Eindruck auch sehr leicht

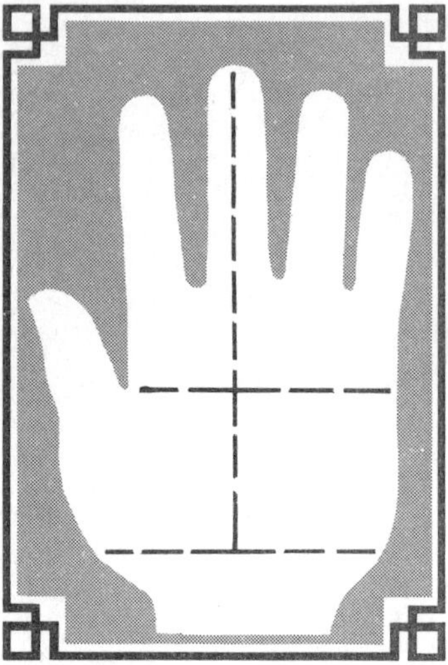

Die eckige Hand

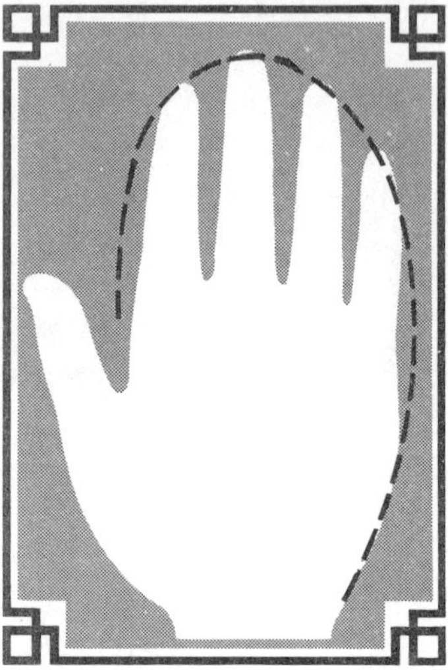

Die ovale Hand

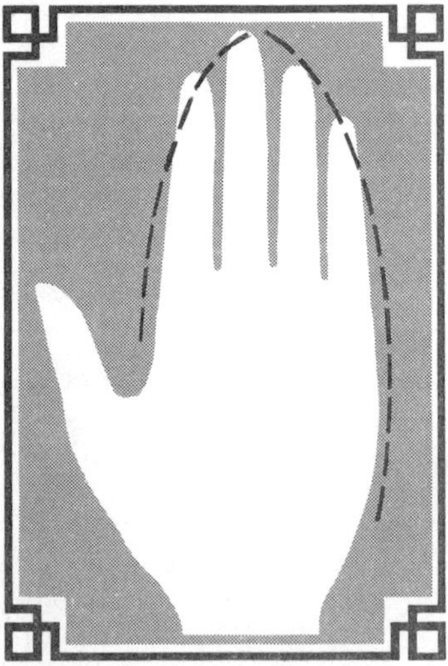

Die spitze Hand

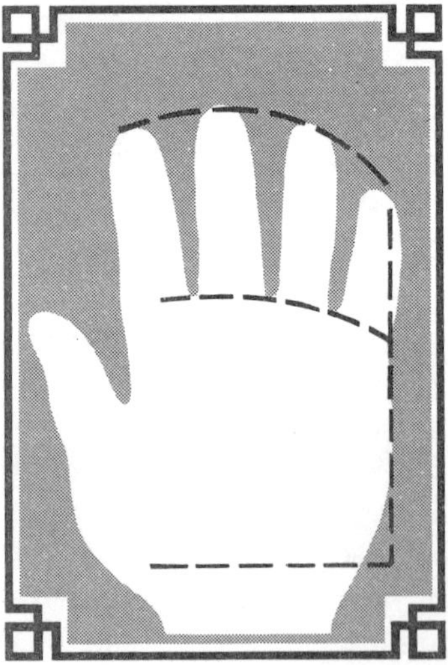

Die elementare Hand

über seine große innere Verletzlichkeit hinweg. Diese Seite, quasi die Weichteile des Charakters, zeigt er nämlich nicht allzugern.

Meist haben Menschen mit eckigen Händen sehr viel Sinn für traditionelle Werte. Neuem gegenüber zeigen sie sich ein wenig skeptisch und verschlossen. Und auch Flexibilität, Anpassung an veränderte Situationen ist eine ihrer Schwachstellen.

Andererseits bleiben sie konsequent, wenn sie sich einmal für etwas entschieden haben.

Sie haben kräftige, raumfassende Bewegungen, die von strotzender Vitalität zeugen, und sind große Freunde der Natur, die es insbesondere lieben, waghalsige Klettertouren zu unternehmen. Der Himalaja könnte sozusagen ihre Heimat werden – und wenn sie einen Gipfel bezwungen haben, kennt ihr Glück keine Grenzen. Ihre Energie müssen sie jedenfalls in Taten umsetzen, damit sie rundum zufrieden sein können.

Die ovale Hand

Die ovale Handform weist auf eine ausgeprägte Individualität hin. Die Interessen eines solchen Charakters sind meist vielfältig und breit gefächert, was mit ein Grund für die starke Anpassungsfähigkeit, das hohe Maß an Flexibilität ist.

Schwierigkeiten hat eine Person mit ovalen Händen meist mit der inneren Organisation des Seelenhaushalts. Denn das starke Interesse, das sie allem Neuen gegenüber aufbringt, kann leicht zu einer gewissen Beliebigkeit ausarten – Prioritäten zu setzen muß ein Mensch mit dieser Handform im Verlauf seines Lebens erst mühsam erlernen. Dazu gehört auch die innere Konsequenz, die es ermöglicht, einmal Angefangenes zu vollenden.

Oft findet man hier nämlich Personen, die im Laufe ihres Lebens immer wieder etwas Neues anfangen, ohne es zu Ende zu bringen – mag es sich nun um eine Arbeit oder eine Beziehung handeln.

Auffallend sind meist eine stark optimistische Grundhaltung dem Leben gegenüber, eine positive Ausstrahlung und ein warmes, emotionales Temperament. Allerdings stolpern Menschen mit dieser Handform auch schon mal über ihre Gefühle. Denn sie werden meist nicht von der Vernunft regiert, die Schmerzmomente vermeiden hilft. Aus diesem Grund besitzen sie auch ein gewisses Maß an Leidensfähigkeit, die Bereitschaft, Verletzungen zu verarbeiten und dadurch an Tiefe, an Erfahrung zu gewinnen.

Die spitze Hand

Die Konstitution dieser Charaktere ist im allgemeinen zart und durchlässig. Sensibilität und Empfindsamkeit sind die ausgeprägtesten Merkmale solcher Menschen. Fast machen sie den Eindruck, als seien sie nicht von dieser Welt, wirken träumerisch und abwesend, wenn es um die Realität geht.

Tatsächlich haben diese Persönlichkeiten sehr oft eine labile psychische Verfassung. Sie sind nicht besonders belastbar und ziehen sich angesichts der Bewältigung realer Angelegenheiten gern in ein Schneckenhaus zurück. Ein gewisses Maß an Durchsetzungsvermögen müssen sie sich im Lauf ihres Lebens aneignen, meist werden sie damit aber Probleme haben. Es fehlt ihnen an positiver Aggression, am raschen Zugriff.

Anderen Menschen gegenüber sind sie scheu und öffnen sich nur sehr langsam, vorsichtig und verhalten. Eine Kränkung verkraften sie sehr schlecht; sie kann sich in gewissem Sinn vernichtend auf ihre äußerst fragile innere Verfassung auswirken.

Andererseits gehen diese Menschen oft sehr konsequent ihren eigenen Weg, unbeeinflußt von äußerlichen Diktaten. Ihrem ganzen Wesen nach streben sie die Verinnerlichung an und haben deshalb ein starkes Sensorium für Aufgesetztes, Wesensfremdes. Sie wirken kultiviert und verfeinert, intuitiv und einfühlsam.

Die elementare Hand

Diese Handform zeichnet sich durch besonders große Handinnenflächen aus, wobei meist eine sehr dicke, fleischige Konsistenz vorliegt. Auch die Finger sind dick, manchmal fast grob, hart und wenig biegsam.

Dieser Handtyp ist sehr selten zu finden und beschreibt einen heftigen, mitunter jähzornigen Charakter, der sich im wesentlichen von seinen ungefilterten Affekten lenken läßt. Vor allem, wenn der Daumen extrem kurz ist, sind diese Eigenschaften anzutreffen.

Es liegt hier im allgemeinen keine seelische Differenziertheit vor, was bedeutet, daß moralische und ethische Kategorien im Denken eines solchen Charakters kaum eine Rolle spielen. Seine Lebensvorstellungen sind meist sehr einschichtig und linear, dennoch findet man in seinem Dasein oft ein starkes

Auf und Ab der Ereignisse. Unter Umständen zeigt dieser Charakter sogar kriminelle Neigungen, da sein soziales Gewissen wenig ausgebildet ist.

Die Philosophenhand

Diese Form der Hand ist meist sehr langgliedrig und zeichnet sich durch die gleichmäßig verteilten Knoten an den Fingergelenken aus. Die Konsistenz ist fest, jedoch nicht grob.

Geistige Entwicklung hat für eine Person mit Philosophenhand absolute Priorität. Sie richtet ihr Leben weniger nach realistischen Gesichtspunkten ein, lebt also nicht auf der Basis kausaler Vernünftigkeit, sondern wirkt meist ein wenig schöngeistig und besitzt eine starke Affinität zum Theoretischen. Sie ist kein Praktiker, sondern eher ein Intellektueller, der gerne philosophische Spekulationen anstellt. Lebensqualität ist ihr wichtiger als materielle Sicherheit.

Schwierigkeiten kann diesem Charakter sein Mangel an Realitätseinsicht bereiten. Sein Optimismus verführt ihn oft dazu, an eine gute Wendung der Dinge zu glauben. Manchmal grenzt dieser Glaube schon an Naivität, wenn er auch zuweilen imstande ist, Berge zu versetzen. Denn häufig haben Personen mit dieser Handform ein geradezu unerhörtes Glück, was beweist, daß eine positive Grundhaltung oft ein positives Schicksal herbeiführt.

Der Forscherdrang dieses Charakters bezieht sich im wesentlichen auf das, was hinter den Dingen steht, dem menschlichen Auge also unsichtbar bleibt. Mit Geduld und Zielstrebigkeit, aber auch ausgesprochener Detailfreude befaßt er sich mit den Erscheinungen, die seinen Drang nach

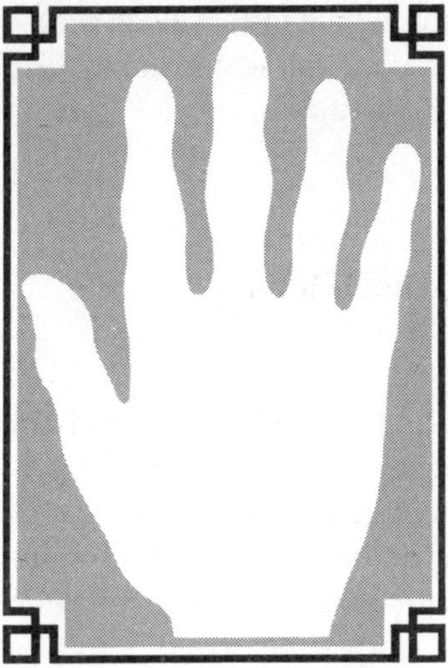

Die philosophische Hand

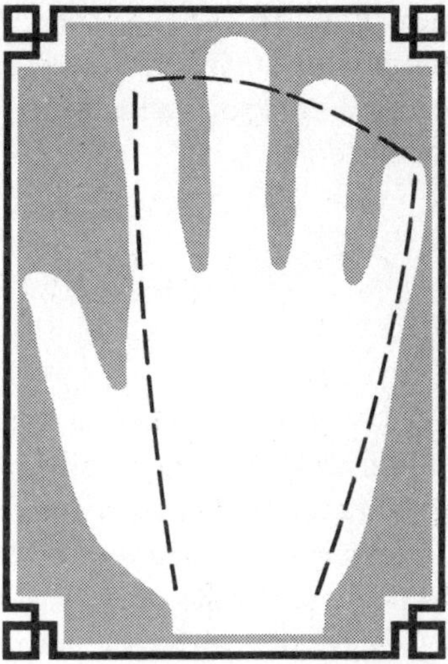

Die spatelförmige Hand

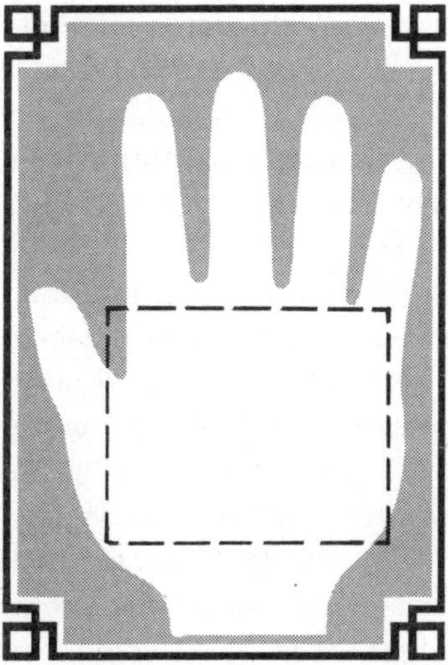

Die breite Hand

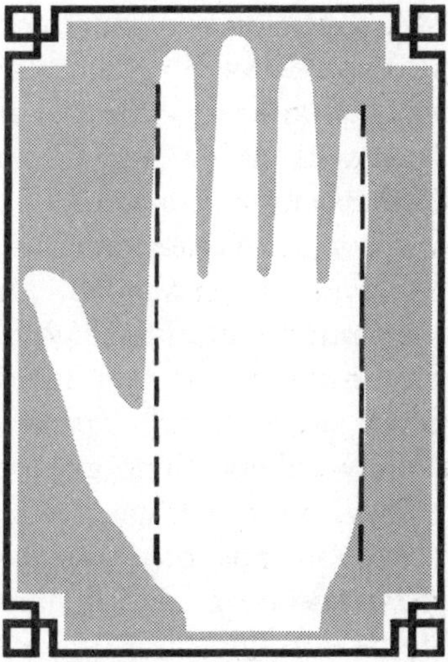

Die schmale Hand

Erkenntnis beschäftigen. Bei aller Liebe zum Geistigen besitzt er jedoch auch Einfühlungsvermögen sowie Sensibilität und ist in der Lage, mitmenschliche Beziehungen befriedigend zu gestalten.

Die Mischhand

Unter einer Mischhand versteht man eine Handform, die charakteristische Formen der fünf vorangehenden Handtypen miteinander verbindet. Personen, die eine Mischhand haben, verfügen über ein offenes Wesen und sehr viel Leichtigkeit im Umgang mit anderen. Allerdings neigen sie zu entgrenztem Verhalten, sie besitzen sozusagen keinen Filter, kein inneres Maß für Distanz. Aus diesem Grund haben sie große Probleme, wenn es sich um Entschiedenheit, um entschlossenes Vorgehen handelt. Denn ihr Mangel an Differenzierungsvermögen verleitet sie dazu, auf zu vielen Hochzeiten gleichzeitig tanzen zu wollen – was bekanntermaßen dazu führt, daß vieles unabgeschlossen, halbfertig bleibt, über den ersten Entwurf nicht hinauskommt.

Mit dieser Grundhaltung macht eine Person dieser Handform meist schlechte Erfahrungen, woraus sich ihre pessimistische Einstellung zum Leben erklären läßt. Sie wirkt zwar warm, herzlich und zugänglich, besitzt aber im Grunde wenig Selbstvertrauen. Innere Konflikte, Probleme, die aus einem Mangel an Organisation resultieren, rauben ihr eine Menge Energie. Sie ist oft ruhelos, immer auf der Suche nach der „vollkommenen“ Arbeit, dem „idealen“ Leben, nach neuen Menschen, nach interessanten Aufgaben. Sie geht weniger in die Tiefe, sondern verliert sich in der Breite.

Die Chance für einen Menschen mit der Persönlichkeitsstruktur der Mischhand liegt darin, aus seiner Anlage einen Lebensstil zu machen – sozusagen einen genialen Dilettantismus zu kultivieren. Da er vielseitige Interessen hat und meist auch über eine hohe Intelligenz verfügt, ist er am besten dort aufgehoben, wo Flexibilität, gewandte Umgangsformen und rhetorisches Können gefordert werden.

Die spatelförmige Hand

Spatelförmige Hände erkennt man an der ungewöhnlichen Form der Fingerkuppen. Sie wirken abgeflacht, sind breiter als die übrigen Fingerglieder und sehen aus wie kleine Schaufeln. Man findet sie vor allem bei Personen, die sich gerne verausgaben und in allem, was sie tun, eine erstaunliche Ausdauer besitzen. Sie wirken energisch, zäh, selbstbewußt und ungemein resolut.

Charaktere mit spatelförmigen Händen sind in erster Linie praktisch veranlagt. Sie eignen sich hervorragend für Arbeiten, die ein hohes Maß an Akkuratesse und Detailfreude verlangen. Sie sind die geborenen Feinmechaniker, tüfteln gern an schwierigen Problemen herum und lassen nicht ab, bis sie eine Lösung gefunden haben. Auch haben sie viel Sinn für Symmetrie, für Strukturen, für Ordnung.

Für ideelle Werte haben sie weniger übrig, mag es sich dabei um philosophische Gedanken oder um musische Interessen handeln. Auch sind sie in ihrem Verhalten oft ungewöhnlich stur und hartnäckig. Aus diesem Grund rufen sie in ihrer näheren Umgebung auch schon mal heftige Streitigkeiten hervor – es ist nicht immer leicht, mit ihnen auszukommen. Unter Umständen neigen sie sogar ein wenig zur Tyrannei, wie sie überhaupt bei aller Vorliebe fürs Detail etwas wuchtig in ihrem Auftreten wirken. Schüchternheit ist in den seltensten Fällen ihr Problem.

Menschen mit spatelförmiger Hand können auch als Wissenschaftler, vor allem im technischen Bereich, hervorragende Leistungen erbringen. Oft sind sie anerkannte Kapazitäten auf ihrem Gebiet.

Die breite Hand

Menschen mit sehr breiten Händen haben meist eine sehr gewinnende und großzügige Ausstrahlung. Die Breite ihrer Handfläche verrät sozusagen etwas über ihr Fassungsvermögen, ihre Freigebigkeit.

Meist finden sie sehr leicht Kontakt zu anderen und lieben alle Arten der Geselligkeit. Sie sind die geborenen Feinschmecker, die es sich gern bei einer opulenten Mahlzeit wohl sein lassen. Sie sind sinnlich und schätze alle Freuden, die damit zusammenhängen. Auch besitzen sie meist ein heftiges, ein sehr impulsives Temperament und verschenken ihr Vertrauen ebenso freizügig wie alles andere. Deshalb müssen sie jedoch auch mit diversen Enttäuschungen fertigwerden, da ihre Großzügigkeit des öfteren ausgenutzt wird. Häufig geben sie mehr, als sie empfangen – dies allerdings meist, ohne es zu merken.

Gerne schlüpfen sie in die Rolle des Beschützers und setzen sich für andere ein. Das Alleinsein bereitet ihnen eher Schwierigkeiten, da sie sich immer über den Kontakt mit anderen erleben müssen. Auch auf Anerkennung ist dieser Charakter stark angewiesen – die Achtung seiner Mitmenschen ist ihm ungemein wichtig. Und hat er einmal keine Aufgabe, an der er seine vitalen Kräfte messen kann, gerät er leicht in Verstimmung. Spontan wird er dann irgend jemandem zu Hilfe eilen – nur um etwas zu tun zu haben.

Als unkonventioneller, lebenslustiger und sinnenfreudiger Mensch verfügt dieser Typus meist über eine breite Palette von Talenten und Möglichkeiten und bevorzugt Berufe, die ihn in Kontakt zu anderen bringen.

Die schmale Hand

Auffallend lang und schmal wirkt diese Hand, unter Umständen fast zerbrechlich. Man findet sie bei Menschen mit einer zarten psychischen Konstitution, die sich lieber mit sich selbst beschäftigen, als in einer Gruppe zu agieren.

Charaktere mit dieser Handform sind geborene Gegner des Small talk. Gerät ein Gespräch auf diese Ebene, ziehen sie sich sofort zurück und beobachten etwas verächtlich von außen die Szenerie. Meist aber meiden sie solche gesellschaftlichen Anlässe von vornherein. Sie suchen seriöse Kontakte und Intensität im Gespräch. Am liebsten aber beschäftigen sie sich mit einem guten Buch. Sie sind gründlich, nachdenklich und sehr ernsthaft in all ihren Gedanken.

Für seinen Lebensunterhalt arbeitet dieser Charakter oft sehr hart. Es ist unbedingt Verlaß auf ihn, da er alle Aufgaben sehr ernst nimmt und zäh und gründlich bei der Arbeit ist. Die Leistung, die er erbringt, resultiert weniger aus dem Elan, mit dem er an eine Aufgabe herangetreten ist, sondern vielmehr aus der Intensität, mit der er sich bis ins kleinste Detail mit ihr befaßt hat. Auch wenn er etwas langsamer im Tempo ist als andere, schafft er dadurch oft Resultate von erstaunlicher Qualität.

Manchmal wirkt dieser Charakter allerdings etwas unflexibel in seinen Handlungen. Er weigert sich entschieden, von seiner Einstellung zu bestimmten Dingen abzuweichen. Dies kann den Kontakt mit ihm sehr erschweren, da er nicht bereit ist, etwas flapsige Umgangsformen für sich zu akzeptieren. Doch da er auf einer tieferen Ebene ungemein bereichernd ist, sucht man seinen Umgang gern. Oft hat er eine Menge zu sagen – man muß ihn nur aus der Reserve locken.

Der Bogen

Der Bogen verläuft entlang der Fingerwurzeln. Da die einzelnen Finger verschieden tief ansetzen, entsteht eine Kurve. Auch die Art dieser Wölbung sagt etwas über den Charakter aus.

Der Bogen bildet fast eine gerade Linie:
Diese Form kommt nur in den seltensten Fällen vor. Sie steht für absolute Selbstsicherheit, Disziplin und Gesetzestreue. Menschen mit dieser Bogenform erlauben sich auch nicht den kleinsten Fehler, haben starke moralische und sittliche Vorstellungen und handeln extrem prinzipientreu. Die gleiche Einstellung erwarten sie auch von anderen und sind deshalb etwas unduldsam im Umgang mit ihren Mitmenschen. Sie fühlen sich unfehlbar, tadellos, können ihre Handlungen jederzeit rechtfertigen und kennen kein Pardon, wenn sie andere bei Verfehlungen ertappen. Ihre gesamte Haltung hat etwas Militärisches. Begriffe wie Toleranz, Güte, Nachsicht kommen bei diesen Charakteren meist zu kurz.

Der Bogen wölbt sich gleichmäßig und rund über der Handinnenfläche:
Diese Bogenform spricht für Harmonie, seelisches und körperliches Gleichgewicht und eine positive, lebendige Einstellung zum Leben.

Menschen, die diesen gut ausgeschwungenen Bogen besitzen, haben meist eine beglückende Ausstrahlung auf andere,

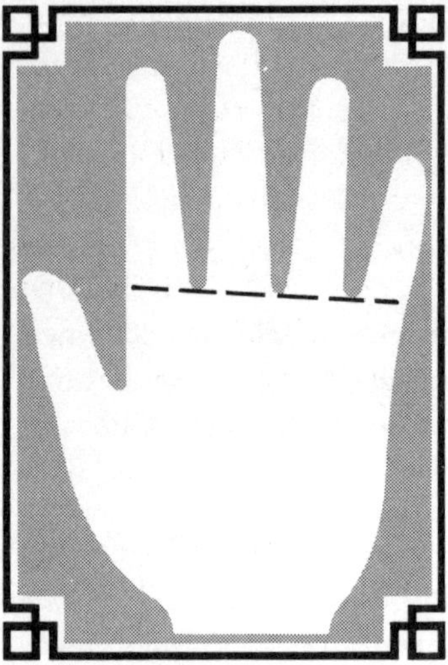

Der gerade Bogen

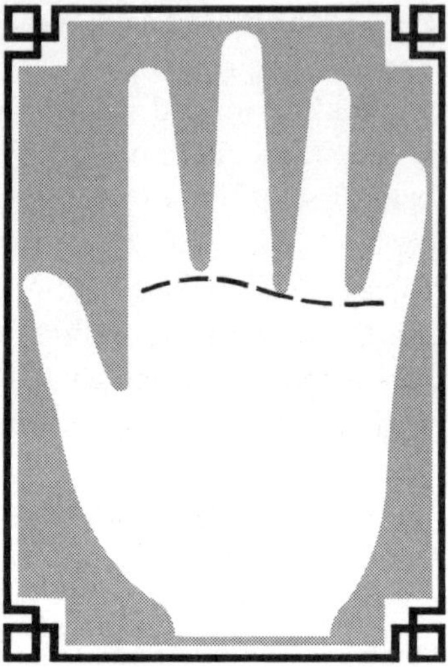

Der ungleichmäßige Bogen

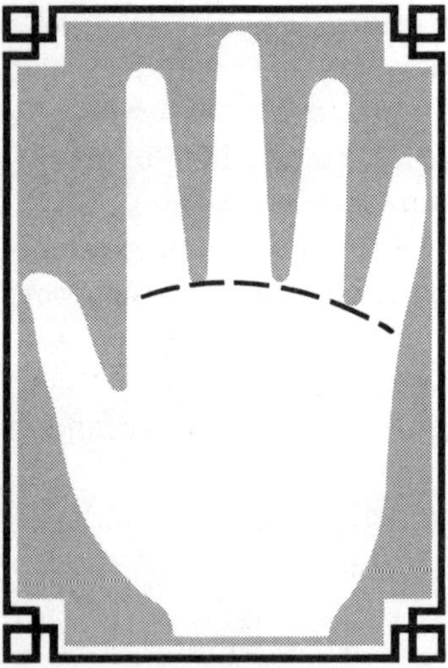

Der runde Bogen

da sich ihre innere Grundschwingung überträgt. Ihr Denken ist zwar logisch, rechnet aber mit der Vielfalt der Erscheinungen. So können sie sich jederzeit auf veränderte Situationen einstellen, da sie dem Wandel durch und durch positiv gegenüberstehen. Sie sind aufgeschlossen, zukunftsgerichtet und verständnisvoll. Auch wenn sie sich durchaus mal in eigene Probleme verstricken können, bleibt doch ihre Grundhaltung immer die eines Menschen, der bereit ist, selbst in der verzwicktesten Lage noch eine Chance zu erkennen. Aus diesem Grund meistern sie ihr Dasein oft besser als andere.

Der Bogen ist ungleichmäßig:
Hier wölbt sich der Bogen nicht rund über der Handfläche, sondern verläuft unregelmäßig, ist wellenförmig. Man erkennt daran Menschen, die sich ihrer selbst nicht sicher sind, die oft Angst haben, die eigene Meinung zu äußern. Im Grunde spüren sie aber, daß sie selbst nicht objektiv in ihrer Einschätzung sind, daß ihr Urteil feindselig und verletzend sein könnte. Neid und Minderwertigkeitsgefühle sind oft die Ursache für ihr subjektiv verzerrtes Bild von den Dingen.

Meist wirkt dieser Charakter sehr sprunghaft in all seinen Äußerungen. Er scheint an nichts wirklich gebunden, ist flüchtig und nicht sehr zielbewußt. Aus diesem Grunde wird er tatsächlich nicht besonders ernst genommen – alles, was er tut und sagt, scheint wenig begründet, hat sozusagen kein Fundament. Er muß in seinem Leben mit häufigen Enttäuschungen rechnen und manche Mißachtung ertragen.

Die Finger

Die Kriterien der Beurteilung

Ebenso wie die verschiedenen Handformen sagen auch die Finger etwas über die charakterlichen Anlagen eines Menschen aus. Sie lassen sich unter mehreren Gesichtspunkten betrachten:

- Die Form der Fingerspitzen
- Die Länge der Finger im Verhältnis zur Handinnenfläche und zueinander
- Die Biegsamkeit der Finger
- Die einzelnen Finger und ihre spezifische Aussage.

Die Länge der Finger

Maßstab für die Berechnung der Fingerlänge ist immer der Mittelfinger im Verhältnis zur Handinnenfläche (senkrechter Durchmesser). Von langen Fingern spricht man, wenn der Mittelfinger länger ist als achtzig Prozent des Durchmessers der Handinnenfläche. Liegt er dagegen unter 80 Prozent, so weist dies auf kurze Finger.

Lange und schlanke Finger verraten eine idealistische und phantasievolle Persönlichkeit, deren Interessen kaum materiell orientiert sind. Auch Sinn für Realität ist oft nicht die stärkste Seite solcher Charaktere. Sie neigen sogar ein wenig zur Oberflächlichkeit.

Lange und dicke Finger sind das Persönlichkeitsmerkmal idealistischer, lebhafter, meist auch sehr lyrischer Menschen. Sie bevorzugen aber ein abgesichertes und bequemes Leben, sind also materiellen Werten durchaus nicht abgeneigt.

Menschen, deren Bedürfnisse hauptsächlich auf materieller Ebene liegen, haben in der Regel kurze und dicke Finger. Sie streben nach Wohlstand und Bequemlichkeit, haben kaum geistige Interessen und keinen besonders weiten Erlebnishorizont.

Kurze und schlanke Finger weisen auf den Karrieretyp mit Führungsqualitäten. Solche Menschen sind verantwortungsbewußt und leistungsorientiert, strebsam und fleißig.

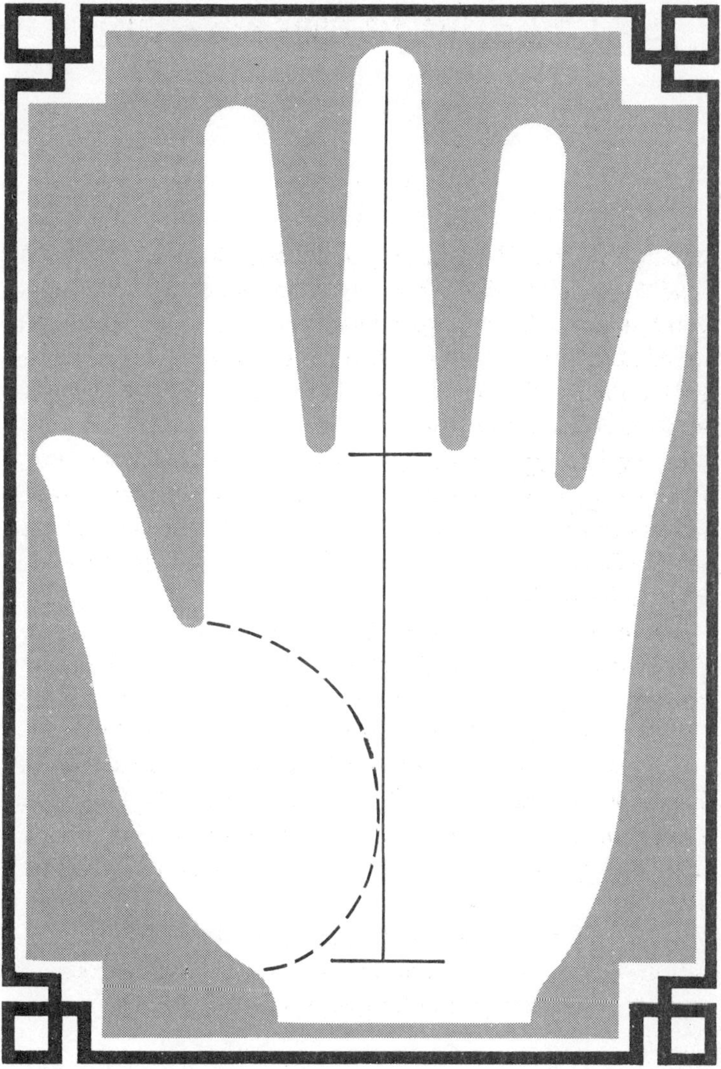

Die Länge der Finger

Die Biegsamkeit der Finger

In China gilt die Elastizität der Finger als Ausdruck für die Flexibilität des Charakters. Je weiter sich die Finger nach hinten biegen lassen, desto anpassungsfähiger, geschmeidiger und gewandter ist eine Persönlichkeit.

Auch für Kreativität und Geschicklichkeit ist die Biegsamkeit der Finger der Maßstab. Je starrer, je verknöcherter eine Hand ist, desto schwerer kann sich der Charakter auf veränderte Situationen einstellen, desto steifer verhält er sich in Gesellschaft anderer.

Der Zeigefinger

Der Zeigefinger (Jupiterfinger) verkörpert Wünsche und Bedürfnisse, die sich konkret auf unser eigenes Ego beziehen. Er steht für Ehrgeiz, Zielstrebigkeit, Selbstbehauptung und Durchsetzungsvermögen. Doch auch über Geduld, Toleranz und Nachgiebigkeit trifft er seine Aussagen.

Ein übermäßig langer Zeigefinger verkörpert in der Sprache der Hand Eitelkeit, unangemessene Selbsteingenommenheit und starke Einbildungskraft. Menschen dieser Art gieren ständig nach Anerkennung und vollbringen aus diesem Grund tatsächlich ab und zu ungewöhnliche Taten.

Beim konischen Zeigefinger besteht eine extreme, für das eigene Ich nicht unbedingt gesunde Anpassungsfähigkeit. Eigene Bedürfnisse werden leicht zurückgesteckt.

Der sehr kurze Zeigefinger, auch Schlemmerfinger genannt, ist dem jovialen, genußsüchtigen Typus zuzuordnen. Er zeichnet sich meist durch seine direkte, unverblümte Art im Umgang mit anderen aus. Oft besitzt er auch nur geringes Selbstvertrauen und leidet unter schweren Minderwertigkeitskomplexen. Seine Abneigung gegen Details und sein Mangel an Geduld sind augenfällig.

Wichtig bei der Betrachtung der einzelnen Finger ist auch das Verhältnis der einzelnen Glieder zueinander.

Ist das erste Zeigefingerglied besonders lang, muß man von Machtphantasien sprechen, die nur dann verwirklicht werden können, wenn auch das zweite Glied eine entsprechende Länge aufweist. Ist das letzte Glied ebenfalls lang und spitz, wird diese Herrschsucht transformiert – ein Mensch mit diesem Jupiterfinger regiert durch Weisheit und Güte und nicht mit tyrannischen Allüren.

Ist der Bereich der Fingerkuppe besonders breit, läßt das auf spirituelle Neigungen schließen, auf einen Hang zum Mystizismus, aber auch zum Aberglauben.

Wichtig ist ferner das Verhältnis der einzelnen Finger zueinander. Der Zeigefinger steht zum Daumen, obwohl er zu ihm einen weiten Abstand hat, dennoch in sehr enger Beziehung. Der Daumen verkörpert die Vitalkraft, den Willen zur Arterhaltung, den Überlebenstrieb schlechthin, während der Zeigefinger für die Durchsetzung der Bedürfnisse des eigenen Ich steht. Viele psychische Störungen können anhand des Verhältnisses von Zeigefinger und Daumen diagnostiziert werden.

Liegt ein im Vergleich zum Zeigefinger kräftiger Daumen vor, kann von einer raschen Umsetzung von Ideen gesprochen werden. Ziele werden aber im allgemeinen nur kurzfristig angepeilt.

Eine Persönlichkeit mit einem im Verhältnis zum Zeigefinger eher schwachen Daumen dürfte im Laufe ihres Lebens auf beträchtliche Schwierigkeiten bei der Verwirklichung ihrer Ziele stoßen. Wenig Schwung und geringe Antriebskraft bringen diesen Typus nur langsam vorwärts, wenn überhaupt.

Ist der Zeigefinger zum Mittelfinger hin gebogen, läßt diese Krümmung auf eine Veranlagung zur Kleptomanie schließen. Auch originelle Vorstellungen, eine gewisse Kauzigkeit kann man hier vorfinden.

Ist der Zeigefinger genauso lang wie der Mittelfinger, liegt absolute Herrschsucht vor. Das Ego macht hier keinerlei Abstriche gegenüber anderen.

Der Mittelfinger

Der Mittelfinger oder Saturnfinger symbolisiert in der Sprache der Hand Vorsicht, Fähigkeit zur Objektivität und Anerkennung von Gesetzmäßigkeiten. Er liegt genau in der Mitte der Hand und verbindet damit als Mittler die Welt des Ich mit der des Du.

Der lange Mittelfinger ist Menschen eigen, die mit sicherem Kennerblick eine Situation einschätzen und sich entsprechend verhalten können. Sie sind souverän in Planung und Durchführung gewinnträchtiger Unternehmen, können schwer arbeiten und gehen keine unnötigen Risiken ein. Mit Vorsicht, Klugheit und Vernunft beweisen sie oft, daß sie hervorragende Strategen im Bereich von Wirtschaft und Handel sind.

Ist der Mittelfinger dagegen übermäßig lang, so läßt dies auf Melancholie, pathologisches Mißtrauen und Wahnvorstellungen schließen. Der kurze Mittelfinger dagegen verrät Leichtsinn, Verantwortungslosigkeit, auch Bequemlichkeit. Es besteht wenig Neigung, sich sinnvoll für eine Gemeinschaft einzusetzen, die eigene Existenz auf ein stabiles Fundament zu stellen.

Ist der Mittelfinger lang und etwas gekrümmt, sind falsche Einschätzungen, Irrtümer und Mißverständnisse an der Tagesordnung. Das Urteilsvermögen ist hier stark eingeschränkt. Fast genauso verhält es sich beim kurzen und gekrümmten Mittelfinger – unstrukturiertes Denken und mangelnde Fähigkeiten machen hier eine exakte Planung unmöglich.

Ist das letzte Glied des Mittelfingers besonders lang und breit, beherrschen übertriebene Vorsicht und Mißtrauen den Menschen. Ist das Fingerkuppenglied dagegen lang und spitz, hat man es mit der gegenteiligen Erscheinung zu tun: Vertrauensseligkeit, Naivität und mangelndes Abgrenzungsvermögen kennzeichen diesen Typus. An den unteren Gliedern des Saturnfingers wird der Sinn für Naturschönheiten, die Freude an Blumen sichtbar. Je länger das untere Glied ist, desto sinnlicher ist ein Charakter.

Da der Mittelfinger der Maßstab für die übrigen Finger bildet, wird er in seinem Verhältnis zu den anderen Fingern nicht besprochen.

Der Ringfinger

Der Ringfinger verkörpert die kreativen Kräfte eines Menschen. Er steht für Kunst, Schönheitssinn, Hingabe und Eindrucksfähigkeit. Als „Finger der Musen“ wird er im Westen dem griechischen Gott Apoll zugeordnet.

Ist der Ringfinger zu lang, so besteht die Gefahr, daß eine ausgeprägte Leidenschaft für das Glücksspiel und ein Hang zu Spekulationen zu einem schlechten Ruf führen. Auch haben diese Personen oft ein übertriebenes Verlangen nach Zuneigung und unerfüllbare Wünsche an den Partner. Logisches Denken und Einsicht in Gegebenheiten sind bei ihnen kaum vorhanden, dafür besteht eine starke Neigung zu Gefühlsduselei und Sentimentalität.

Der kurze Ringfinger ist meist symptomatisch für eine labile psychische Konstitution. Menschen dieser Art können sich praktisch nicht selbst herausfordern. Auch haben sie in den wenigsten Fällen künstlerische Ambitionen.

Charaktere, deren unteres Ringfingerglied besonders lang und breit ist, sind meist darstellerisch begabt; bei ausgeprägter Länge des letzten Fingerglieds dagegen findet man sehr viel Sinn für Konstruktion, Aufbau, Struktur vor.

Zeigt der Ringfinger eine leichte Neigung zum Mittelfinger, handelt es sich meist um zurückhaltende, bescheidene Charaktere, die unauffällig in der äußeren Erscheinung sind. Sie neigen zum Einzelgängertum, da sie wenig Verlangen nach menschlichen Kontakten verspüren. Oft haben sie innerlich harte Konflikte zu bestehen, da ihr extremes Pflichtbewußtsein sie an der Erfüllung ihrer Sehnsucht nach Glück und Zufriedenheit hindert.

Setzt der Ringfinger in großem Abstand zum Mittelfinger an, liegt ein ausgeprägtes Unabhängigkeitsstreben vor, unter Umständen auch die Neigung, in verwegenen Abenteuern das Bedürfnis nach Sensation zu stillen. Charaktere mit dieser speziellen Konstellation verletzen gern und bewußt die Regeln des Anstands und geben sich unkonventionell und unbekümmert. In der Partnerschaft haben sie eine Neigung zum Fremdgehen.

Ist der Ringfinger ebenso lang wie der Mittelfinger, überwiegt das reine Zweckdenken. Als rationaler, nicht besonders lebhafter Charakter sucht dieser Typus meist die Befriedigung seiner materiellen Bedürfnisse.

Ist der Ringfinger ebenso lang wie der Zeigefinger, sind ideelle und materielle Interessen gleich stark vertreten, was unter Umständen zu Konflikten führen kann.

Der kleine Finger

Der kleine Finger drückt unsere Beziehung zu unserer Umwelt aus, unsere verbale Ausdruckskraft, Witz und unsere Gewandtheit im Umgang mit anderen. Er ist sozusagen der Finger der Kommunikation. Auch Ruhm, Ansehen und Respekt sind in ihm verkörpert. Im alten China ließen die Kaiserinnen den Kleinfingernagel bis auf zwanzig Zentimeter anwachsen – zum Zeichen dafür, daß sie bei ihrem Volk in höchstem Ansehen standen.

Ein langer kleiner Finger deutet auf einen gesunden Menschenverstand hin, auf die Fähigkeit, sich zu anderen in Beziehung zu setzen, und auf Freude an Geselligkeit. Ist er dagegen extrem kurz, sind unter Umständen Neigungen zu kriminellen Delikten, vor allem Betrügereien, zu verzeichnen.

Ist das Nagelglied gut entwickelt, weist dies auf Wissensdurst und Lerneifer hin. Eine eckige Kuppe spricht in jedem Fall für eine besondere Begabung auf literarischem Gebiet.

Wenn der kleine Finger einen sehr großen Abstand zu allen anderen Fingern hat, liegen sexuelle Probleme vor. Dies kann unter Umständen zu großen ehelichen Schwierigkeiten führen.

Ist der kleine Finger fast so lang wie der Ringfinger, so kann von einer großen rhetorischen Begabung gesprochen werden. Diese Menschen können auch in Windeseile geistige Eindrücke verarbeiten, haben einen klar strukturierenden Verstand und eine große Ausdrucksfähigkeit.

Der Daumen

Der Daumen (pollux) entspringt direkt dem Palast der Felder und übernimmt als dessen aktive und bewegliche Fortsetzung all jene vitalen Kräfte, die in ihm enthalten sind. Der Daumen hat also die Aufgabe, diese Kräfte zu verwirklichen, umzusetzen.

Als Ausdruck des Ich, als Verkörperung jener Energie, die Selbstverwirklichung und Selbstbehauptung bewirkt, repräsentiert jedes einzelne Glied einen eigenen Sektor. Das unterste Glied verkörpert den Trieb, das mittlere die Vernunft, das oberste, das Nagelglied, den Willen.

Im allgemeinen geht man davon aus, daß ein kräftiger und robust wirkender Daumen Ausdruck von starker Willenskraft ist. Solche Menschen sind impulsiv und durchsetzungsfreudig, haben aber auch die Tendenz, „den Daumen drauf zu halten", wenn es um die Befriedigung ihrer eigenen Bedürfnisse geht. Ihr Wesen kann je nach Stärke des Daumens sogar tyrannische Züge annehmen.

Der im Verhältnis zur übrigen Hand schwache und sehr schmale Daumen weist auf eine Persönlichkeit hin, die die Impulse, die aus dem Palast der Felder kommen, nicht umsetzen kann. Sie besitzt wenig Eigeninitiative und hat im allgemeinen große Schwierigkeiten, den eigenen Standpunkt zu vertreten. Auch besteht hier meist die Neigung, den Daumen mit der übrigen Hand zu verschließen, ihn praktisch zu verstecken.

Ist vor allem das untere Glied des Daumens sehr kräftig, je-

Der kräftige Daumen

Der schmale Daumen

Unteres Daumenglied kräftig

Zweites Daumenglied kräftig

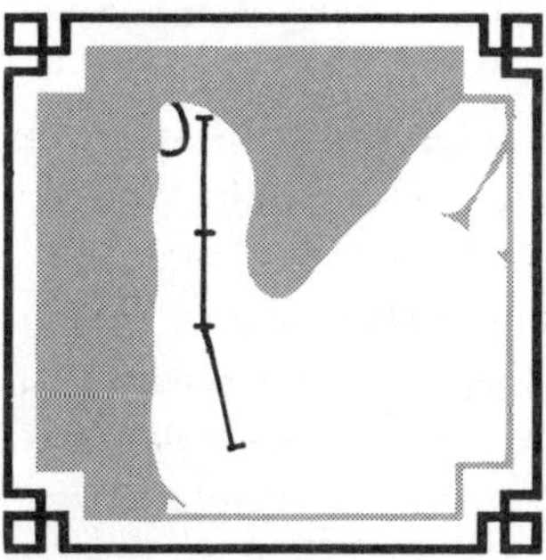

Drittes Daumenglied kräftig

Der kurze Daumen

nes Glied also, das dem Palast der Felder am nächsten liegt, ist eine starke Triebhaftigkeit vorhanden. Menschen mit dieser Daumenform reagieren oft ungewöhnlich heftig und impulsiv. Vor allem, wenn der zweite Daumenabschnitt wesentlich schmaler ist, kann man davon ausgehen, daß dieser Charakter sich kaum zu zügeln versteht.

Ist dagegen das zweite Daumenglied sehr stark ausgeprägt, wird das triebhafte und impulsive Verhalten durch Vernunft gezügelt. Das zweite Daumenglied ist sozusagen der Filter, der entscheidet, zensiert und kontrolliert.

Ist das letzte Daumenglied besonders breit und kräftig, besitzt man einen ausgesprochen harten Willen. Ein Charakter mit dieser Daumenform wird alles daransetzen, das eigene Ich, die eigenen Belange durchzusetzen. Man nennt diese Daumenform auch „Feldherrndaumen".

Ein kurzer und im Vergleich zur übrigen Hand sehr kleiner Daumen bedeutet Mangel an Selbstbeherrschung und Unsicherheit. Die eigenen Bedürfnisse werden nicht wahrgenommen, die Ich-Kraft ist geschwächt.

Der nach auswärts gebogene Daumen spricht für Anpassungsgabe und Großzügigkeit. Biegt er sich allerdings extrem weit nach außen, ist ein Charakter zu flexibel. Die eigene Wesensart kann von der betreffenden Person praktisch nicht mehr wahrgenommen werden.

Ist der Daumen einwärts gebogen, hindern extreme Vorsicht, Mißtrauen und Hemmungen einen Menschen daran, ein lebendiges Dasein zu führen.

Der steife Daumen deutet auf Starrköpfigkeit und Mangel an Einfühlungsvermögen hin. Die völlig fehlende Anpassungsbereitschaft bereitet diesen Charakteren große Probleme im Zusammensein mit anderen.

Unter den Fingern nimmt der Daumen eine Sonderstellung ein. Denn nicht nur seine Beschaffenheit, seine Länge und

Nach außen gebogener Daumen

Nach innen gebogener Daumen

Steifer Daumen

Daumen und Zeigefinger:
Winkel 90°

Daumen und Zeigefinger:
Winkel 60°

Daumen und Zeigefinger:
Winkel 45°

Form sagen etwas über den Charakter aus, sondern auch der Spreizwinkel, den er zum Zeigefinger hat.

Spreizen Sie nun den Daumen, so weit Sie können, und vergleichen Sie den Winkel mit den hier aufgeführten.

90° Winkel:
Großherzigkeit und Mut, Tatkraft und Offenheit für alles Neue sind die Eigenschaften dieser Menschen. Sie wirken oft hochherzig in ihren Ansichten, emotional und zugänglich. Ihre Offenheit mag unter Umständen sogar als Neugier bezeichnet werden.

Ständiger Austausch mit anderen ist ihnen wichtig, wenn nicht das Wichtigste überhaupt. Sie sind dehnbar, flexibel, anpassungsfähig – lediglich, wenn es um die Durchsetzung eines eigenen Zieles geht, wirken sie stur. Um ihre Pläne zu verwirklichen, scheuen sie kein Wagnis und übersehen manchmal die Realität.

60° Winkel:
Ein Charakter mit diesem Spreizwinkel ist nur begrenzt flexibel. Oft wirkt er subjektiv und besitzt wenig Anlagen zur unvoreingenommenen Beurteilung. Der Radius, den sein Daumen beschreibt, ist wesentlich geringer – und so ist auch seine Persönlichkeit mit weniger Facetten, weniger Rundblick ausgestattet.

Im allgemeinen ist er mehr darauf bedacht, das eigene Revier zu verteidigen, als Neuem gegenüber aufgeschlossen zu sein. Konventionen und festgelegte Rituale stützen ihn in seinem Selbstwertgefühl, das oft durch schlechte Kindheitserfahrungen gemindert wurde. Andererseits erweist er seinen Mitmenschen sehr viel Achtung und Respekt, solange sein Ego unangetastet bleibt.

45° Winkel:
Dieser Daumen ist sehr unelastisch, wenn nicht verknöchert. Dies deutet auf eine starre Haltung dem Leben gegenüber hin. Die Person bemüht sich ängstlich, immer im Rahmen zu bleiben. Eine gewisse Zwanghaftigkeit ist diesem Typus zuzusprechen, ein starres Festhalten an einmal gefundenen Regeln und Gewohnheiten. Jede Übertretung wirft ihn aus dem Gleichgewicht, das sehr labil ist. Umgekehrt ist auf ihn unbedingt Verlaß, da er sich an jede klar umrissene Abmachung hält. Kursänderungen begegnet er dagegen mit einer gewissen trotzigen Ignoranz. Er ist schwer von Veränderungen zu überzeugen, auch wenn sie sinnvoll und notwendig sind.

Die Form der Fingerspitzen

Eckige Fingerspitzen

Ein Mensch, der eckige Fingerspitzen hat, wirkt im allgemeinen diszipliniert, gründlich und gewissenhaft.

Der Verstand hat absolute Priorität bei diesem Charakter. Er läßt sich nur sehr selten von seinen Gefühlen mitreißen – und wenn doch, so verliert er leicht den Boden unter den Füßen. Für ihn müssen Vorgänge einschätzbar, kalkulierbar sein. Unvorhergesehenes macht ihm angst, da er wenig flexibel ist. Dabei hat er keinerlei Schwierigkeiten, sich in einen festen Rahmen einzugliedern, vorausgesetzt, er weiß um die Grenzen, die Regeln. Überschreitungen erlaubt er sich kaum.

In seinen Aktivitäten ist ein Mensch mit dieser Fingerform stets Realist. Hochfliegende Träume, Ideen ohne festes Fundament erlaubt er sich nicht. Zielstrebig, in kleinen vernünftigen Schritten verwirklicht er seine Pläne.

Konische Fingerspitzen

Kraft und Sinnlichkeit sind die wesentlichen Merkmale dieser Persönlichkeit. Vital und durchsetzungsfreudig geht sie durchs Leben, besitzt eine warme temperamentvolle Aus-

Eckige Fingerspitzen

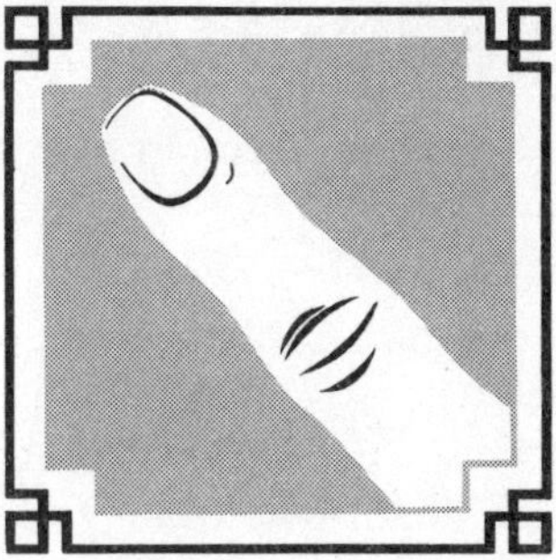
Konische Fingerspitzen

Spitze Fingerspitzen

Spatelförmige Fingerspitzen

strahlung und läßt sich in ihren Entscheidungen hauptsächlich von ihrem Gefühl leiten.

In den meisten Fällen ist ein Mensch mit dieser Fingerform künstlerisch begabt, wobei die Sinnlichkeit des Materials oft eine ausschlaggebende Rolle spielt. Umgang mit dem Stofflichen reizt diesen Typus ungeheuer – aus diesem Grund wird er meist einen Beruf wählen, der sein Können an dieser Stelle herausfordert. Er wirkt musisch, belesen und kultiviert, hat aber auch einen gewissen Hang zur Genußsucht. In seiner Weltanschauung ist er eher idealistisch, das Materielle reizt ihn nur, wenn es einem höheren Ziel dient.

Spitze Fingerspitzen

Dieser Charakter besitzt ein sehr verfeinertes Seelenleben und ein ausgesprochen zurückhaltendes Wesen. Nur sehr vorsichtig und scheu nähert er sich anderen Menschen und verliert auch bei näherer Bekanntschaft seine Zurückhaltung nicht. Es ist schwer, ihn zu erreichen, da er sich nur sehr selten ganz öffnet – man muß dazu allerdings sagen, daß diese Öffnung dann oft eine Totalität, eine Intensität annimmt, die auf andere erstaunlich, wenn nicht sogar befremdend wirken kann.

Ein Mensch mit spitzen Fingern hat nämlich zumeist sehr hohe Ansprüche und kaum zu erfüllende Erwartungen, sowohl an sich selbst als auch an andere. Dies ist einer der Gründe, warum er sich so sehr zurücknimmt. Er wirft keine Perlen vor die Säue, sondern muß vollkommen sicher sein, daß sein Gegenüber ein wirklicher Partner ist. Mit Hinz und Kunz gibt er sich nicht ab – lieber bleibt er sein Leben lang allein. Und da er meist mit sich selbst in intensiven Auseinandersetzungen steckt, bleibt ihm auch oft sehr wenig Platz für Freundschaften. Die wenigen aber, die er pflegt, sind mit einer hohen Spannung geladen, interessant und ungemein intensiv.

Spatelförmige Fingerspitzen

Spatelförmige Fingerspitzen sehen aus wie kleine Schaufeln. Das Nagelglied ist breiter als die übrigen Fingerglieder und wirkt etwas abgeflacht.

Personen mit dieser Fingerform schäumen über vor Aktivität. Sie suchen ständig nach neuen Aufgaben, können sich gut auf veränderte Situationen einstellen und stehen praktisch ständig unter Volldampf. Geduld ist jedoch nicht ihre Stärke – Wartesituationen bereiten ihnen alle nur erdenklichen Schwierigkeiten. Oft schließen sie daher einmal begonnene Arbeiten nicht ab.

Sie sind ungemein neugierig auf alles Neue. Oft handeln sie unbedacht und unvorsichtig, neigen zu den immer gleichen Fehlern und legen sich selten Rechenschaft über mögliche Irrtümer ab. Häufiger Mißerfolg ist die Konsequenz.

Im allgemeinen sind sie auch in der Partnerschaft nicht allzu wählerisch. Obwohl gerade sie einen starken und zuverlässigen Menschen an ihrer Seite brauchen, der sie auch ab und an einmal bremst, wechseln sie ihre Bezugspersonen so häufig wie andere ihre Hemden. Ihr Kontakt zu anderen hat etwas Beliebiges, Flüchtiges. Haben sie allerdings die Chance, wirklich jemanden zu finden, der ihre Vitalität ein wenig unter Kontrolle hält, können sie durchaus anerkennenswerte Leistungen vollbringen.

Gemischte Fingerspitzen

Darunter versteht man Fingerformen, die sich aus all den vorher besprochenen zusammensetzen. Der Ringfinger kann also spatelförmig sein, während der Zeigefinger spitz ist.

Vielseitige Neigungen und Interessen sind das Kennzeichen solcher Typen. Aufgrund der Vielfalt ihrer Möglichkeiten haben sie manchen inneren Konflikt auszutragen – der aber in den wenigsten Fällen nach außen sichtbar wird. Da er flexibel und elastisch ist, gelingt es diesem Charakter, sich überall niederzulassen und auf seine Weise einzubringen. Auch kann er ohne weitere Schwierigkeiten mehrere Berufe gleichzeitig ausüben. Zudem liegt hier eine ausgesprochene Neigung zum Musischen vor.

Ohne weiteres kann sich ein Mensch mit Mischfingern auch spezialisieren. Allerdings muß das entsprechende Fachgebiet ihn dafür lebhaft interessieren.

Mit seinen Mitmenschen hat dieser Charakter kaum Schwierigkeiten. Er besitzt diplomatische Fähigkeiten, ein gesundes Urteilsvermögen und viel Sensibilität für andere. Weltgewandt, liebenswürdig und begabt, ist er eine höchst ansprechende Persönlichkeit – ein Alleskönner mit einem breiten Spektrum an Möglichkeiten.

Die Fingernägel

Die Fingernägel geben erstaunlich genaue Hinweise, wenn es darum geht, Krankheiten oder Anfälligkeiten zu diagnostizieren. Wichtig ist hierbei die Form, insbesondere aber auch die spezifische Färbung des Nagels. Im folgenden Kapitel werden die häufigsten Erscheinungsformen vorgestellt.

Um Mißverständnissen vorzubeugen, seien die Begriffe „kurz“ und „lang“ erläutert: Man mißt die Länge des Fingernagels an ihrer Lage auf dem letzten Fingerglied. Je tiefer der Nagel liegt, desto länger, je höher er auf dem Glied ansetzt, desto kürzer ist er.

Der kurze Nagel

Hier handelt es sich um überkritische, um nicht zu sagen nörglerische Menschen, die meist eine gereizte, wenn nicht zänkische Stimmung um sich verbreiten. In ihrer Grundeinstellung äußerst skeptisch, fassen sie nicht leicht Vertrauen, haben starke Vorbehalte gegenüber ihren Mitmenschen und sind von daher nicht unbedingt sehr angenehm im Umgang.

Sie sind ausgesprochen erregbar, überreizt in ihren Reaktionen, haben allerdings auch eine sehr schnelle Auffassungsgabe.

Der kurze Fingernagel deutet auf ein angegriffenes Nerven-

Der kurze Nagel

Der lange Nagel

Der spitze Nagel

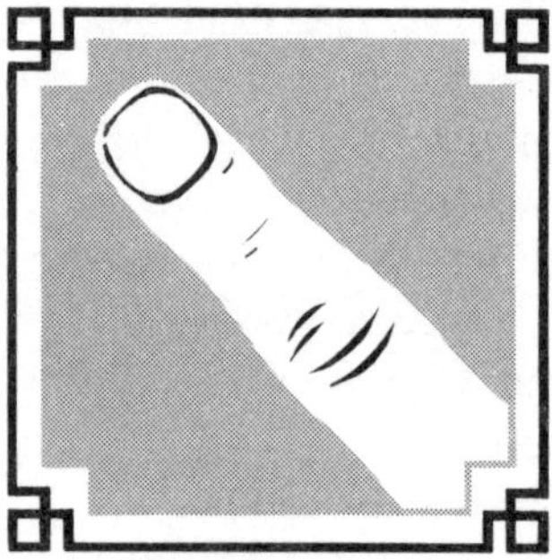

Der breite Nagel

Der Verdrängungsnagel

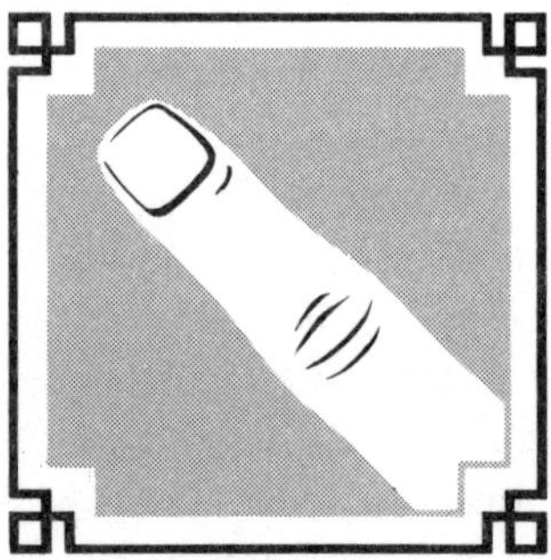

Der eckige Nagel

kostüm, auf eine physiologische Schwäche und eine kränkliche Verfassung hin. Meist leben diese Charaktere nicht sehr gesund – sie schenken ihrer Ernährung wenig Aufmerksamkeit, neigen zu hastiger Nahrungsaufnahme und tun auch sonst sehr wenig für ihre Gesundheit.

Der lange Nagel

Charaktere mit langen Nägeln sind sehr umgänglich und liebenswürdig. Sie sind nicht sehr kritisch in ihrem Denken, besitzen dafür aber ein hohes Maß an Einfühlungsvermögen. Sie strahlen meist Ruhe, Sicherheit und Gelassenheit aus. In kritischen Situationen neigen sie aber dazu zu resignieren.

Krankheiten nehmen bei ihnen meist einen chronischen und langwierigen Verlauf, vor allem, da sie dazu neigen, erste Anzeichen körperlicher Schwäche zu ignorieren. Mit der Zeit verschlimmern sich die Beschwerden und können zu einer ernstlichen Gefährdung ihrer Gesundheit führen. Allerdings ist dieser Typus bereit, konsequent für seine Gesundheit zu sorgen, wenn es zur Krankheitseinsicht gekommen ist.

Der harte Nagel

Die harten Nägel weisen auf eine stabile physische Konstitution, die sich auf das Gefühlsleben auswirkt. Solche Personen sind hart im Nehmen und nicht leicht aus dem Gleichgewicht zu bringen. Ihre Denkart ist meist materiell geprägt.

Ein wichtiges Merkmal dieser Menschen ist die besonders stabile Konsistenz der Knochen. Gesundheitliche Beschwerden kommen bei ihnen kaum vor, es sei denn, sie ziehen sich Verletzungen zu. Und da dieser Typus manchmal etwas zu frontal agiert, kann dies schon mal vorkommen.

Der harte und spitze Nagel

Dieser Typus ist der klassische Hypochonder – jedes noch so kleine Unwohlsein wird registriert und als Zeichen beginnender Krankheit sofort sorgfältig behandelt. Auch sind diese Charaktere meist sehr eitel und verwenden viel Zeit auf ihre Schönheitspflege.

Sie neigen zum Erröten, können unter Umständen sogar hartnäckige Hautausschläge bekommen. Im Grunde sind sie sehr empfindlich, können Kränkungen nicht leicht verwinden und sind äußerst nachtragend.

Der breite Nagel

Eine stabile und bodenständige Geistesverfassung, Gelassenheit und angemessenes Selbstvertrauen kennzeichnen Menschen mit breiten Nägeln.

Sie besitzen Sinn fürs Praktische, obwohl sie reich an Phantasie und künstlerischen Talenten sind. Meist ist ihr Horizont ungewöhnlich weit. In der Wahl ihrer Freunde sind sie allerdings sehr vorsichtig.

Der Verdrängungsnagel

Der Verdrängungsnagel ist extrem schmal und klein. Diese Nagelform weist auf Unterdrückung und häufige Enttäuschungen hin. Die Entwicklung einer eigenständigen Persönlichkeit wurde hier stark gebremst, eigene Bedürfnisse und Wünsche wurden häufig frustriert. Durch schlechte Kindheitserfahrungen kommt es zu Minderwertigkeitskomplexen und starken Defiziten im Selbstwertgefühl.

Aus diesem Grund sind Personen mit dieser Nagelform ausgesprochen mißtrauisch, neigen zu übertriebener Rechthaberei, wobei sie den hemmenden Einflüssen immer wieder trotzig Widerstand bieten wollen. Ihr Dasein verläuft meist nicht sehr glücklich.

In gesundheitlicher Hinsicht sind sie anfällig für Darmbeschwerden und Störungen des Stoffwechselhaushalts, häufig auch für Hauterkrankungen.

Der eckige Nagel

Diese Nagelform findet sich meist in der eckigen Hand und spricht für ein gutes und treffsicheres Urteilsvermögen, für Disziplin und Durchsetzungskraft.

Unter Umständen wirken Menschen mit dieser Nagelform auch sehr aggressiv, wenn es darum geht, eigene Bedürfnisse zu befriedigen.

Auch mit sich selbst gehen sie eher hart um. Oft strapazieren sie ihren Körper zu sehr und verlangen von sich Spitzenleistungen. Allerdings befolgen sie bei Erkrankungen alle Anweisungen des Arztes aufs genaueste – und sollten die Maßnahmen noch so drakonisch sein. Mit den Gründen für ihre Erkrankung setzen sie sich in den wenigsten Fällen auseinander.

Der krumme Nagel

Ist der Nagel konvex, so besteht eine Anfälligkeit für Lungenkrankheiten. Es handelt sich um besitzergreifende und egozentrische Personen, die ihre Mitmenschen häufig überfordern und unterdrücken.

Ist der Nagel konkav, deutet dies auf einen Mangel an Mineralsalzen, der infolge schlechter Ernährung oder einer Stoffwechselstörung besteht.

Ist der Nagel extrem konkav, besteht eine ernstliche organische Störung.

Der gerillte Nagel

Senkrechte Rillen auf dem Nagel sprechen immer für tiefe Erschöpfungszustände, für Alterserscheinungen, aber auch für vorübergehende Krankheiten.

Sobald der Zustand überwunden ist, verschwinden die Rillen allerdings wieder. Es handelt sich hierbei meist um eine akute Infektion.

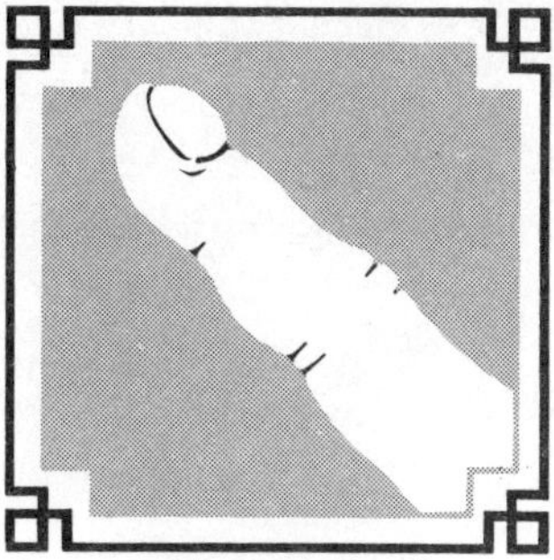

Der krumme Nagel

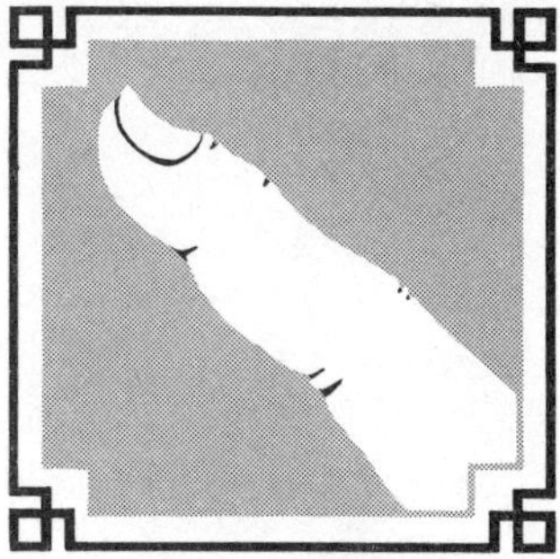

Der konkave Nagel

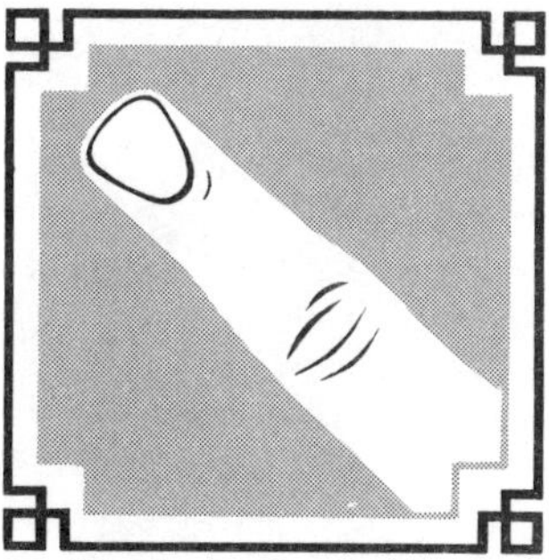

Der glockenförmige Nagel

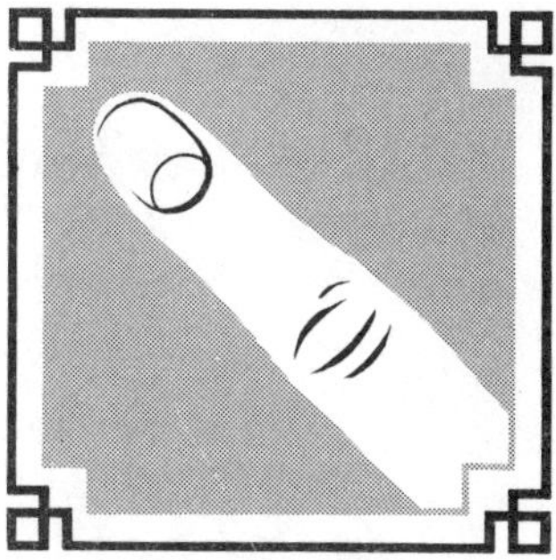

Der Ringnagel

Der schmale Nagel

Der kleine runde Nagel

Der glockenförmige Nagel

Hier ist die Basis spitz und das Ende breit. Dabei muß von einer extremen Reizbarkeit, einem Mangel an Geduld und auch Nachsicht gesprochen werden. Der Typus dieser Nagelform ist oft seinen Mitmenschen gegenüber ungewöhnlich kritisch, hat hohe Ansprüche, ist aber wenig einsichtig, wenn es um eigene Fehler geht.

Seine skeptische Grundhaltung anderen gegenüber ist ihm meist nicht bewußt.

Häufig findet man diese Nagelform an der spateligen oder der Philosophenhand.

Dieser Charakter nimmt kaum Ratschläge an, auch nicht, wenn er ernstlich erkrankt ist. Bei ihm besteht eine Neigung zu Gallen- und Herzbeschwerden.

Der Ringnagel

Diese Nagelform ist am häufigsten auf der konischen Hand, ab und an auch auf der eckigen Hand zu finden. Sie steht für gesundes Selbstvertrauen, Ausgeglichenheit, Toleranz und Aufrichtigkeit.

Charaktere, die den Ringnagel haben, können ihr Leben hervorragend organisieren und haben kaum Probleme bei der Bewältigung ihres Alltags. Sie sind erfinderisch, unterhaltsam, genau und nicht zuletzt sehr humorvoll. Gesundheitliche Beschwerden haben sie selten.

Der schmale Nagel

Diese Nagelform findet man häufig an der spitzen oder schmalen Hand. Diplomatie, Takt, aber auch Taktik sind die Grundeigenschaften solcher Charaktere. Sie sind selten kämpferisch und direkt, sondern wissen ihre Bedürfnisse mittels Charme und Einfühlungsvermögen durchzusetzen. Allerdings leiden sie des öfteren unter ihrer extremen Nervosität und neigen ein wenig zum Selbstmitleid.

Der kleine und runde Nagel

Dieser Typus reagiert in der Regel unüberlegt bis jähzornig und ist meist sehr eifersüchtig. Er ist vielseitig in seinen Interessen, vital und energiegeladen. Im Krankheitsfall ist er allerdings übertrieben wehleidig. Er registriert noch die geringsten Beschwerden und läßt sie sofort auskurieren. Überhaupt ist dieser Typus bei aller Vitalität ausgesprochen empfindlich.

Nagelverfärbungen

Auch die Farbe der Nägel ist bei der Beurteilung des Allgemeinzustands wichtig.

Rosa Färbung:
Diese Farbe spricht für eine stabile Gesamtverfassung, für gute Durchblutung und innere Harmonie.

Blaßrosa Färbung:
Dies ist ein Symptom für einen schlechten Kreislauf, schlechte Durchblutung und schwache Nerven. Der Körper sollte hier nicht vernachlässigt werden. Tägliche Übungen, die den Kreislauf in Gang bringen, wirken in diesem Fall manchmal Wunder.

Rote Färbung:
Ein reizbares Temperament, Bluthochdruck und ein angegriffenes Nervensystem sind die Merkmale von Menschen mit zu roten Fingernägeln. Leichte Sportarten, eine ausgewogene, nicht zu fette Ernährung müssen hier unbedingt für Ausgleich sorgen. Oft ist diese Veranlagung erblich bedingt.

Blaurote Färbung:
Hier muß unbedingt ein Arzt zu Rate gezogen werden, denn es liegt eine akute Entzündung vor, die chronisch werden kann, wenn nicht sofort etwas unternommen wird.

Andersfarbige Streifen auf dem Nagel:
Auf Verdauungsbeschwerden und Stoffwechselstörungen weist der gerillte Nagel hin. Oft liegt das daran, daß der Prozeß der Entgiftung nicht funktioniert. Eine Entschlackungskur unter ärztlicher Beratung, unter Umständen ein mehrwöchiges Heilfasten, kann hier empfohlen werden.

Lilarötliche Färbung:
Dies weist auf eine starke Überreizung der Schleimhäute hin, unter Umständen auf Giftstoffe im Blut. Unter allen Umständen sollte sofort ein Arzt konsultiert werden.

Der gefleckte bis schwarz verfärbte Nagel:
Er gibt eine ernstliche gesundheitliche Störung zu erkennen.

Die Knoten

Die Knoten befinden sich auf den Fingergelenken. Die Finger wirken dadurch an ihren Nahtstellen etwas verdickt. In China bezeichnet man die Knoten als Dämme, die den Durchgang des Stroms stoppen. Sie trennen die drei Welten, die durch die drei Fingerglieder repräsentiert werden. Die Energie, die durch die Finger strömt, wird hier gleichsam aufgehalten, gestaut.

Die erste Welt, die im Bereich des Nagelglieds verkörpert ist, bezeichnet man als die göttliche. Hier liegen die inneren, die feinen, die „kosmischen" Augen der Hand, der Bereich, mit dem wir tasten und spüren.

Die zweite Welt, das mittlere Glied, wird der seelisch-geistigen Welt zugeordnet. Sie repräsentiert unser inneres Erleben, unsere Mitmenschlichkeit, unser Einfühlungsvermögen.

Die dritte Welt, die des unteren Fingerglieds, ist die des Irdischen, des Materiellen. Dieses Glied verändert sich in seiner Beschaffenheit sehr selten, während die beiden übrigen je nach geistiger Verfassung andere Formen annehmen können. Man unterscheidet drei Arten von Knoten

Der Philosophenknoten:
Dieser Knoten sitzt am obersten Gelenk, zwischen Nagel- und Mittelglied.

Besitzer von Philosophenknoten sind ausgesprochen detailfreudig, unter Umständen sogar etwas kleinlich. Neuigkeiten stehen sie eher fremd und mißtrauisch gegenüber. Oft ha-

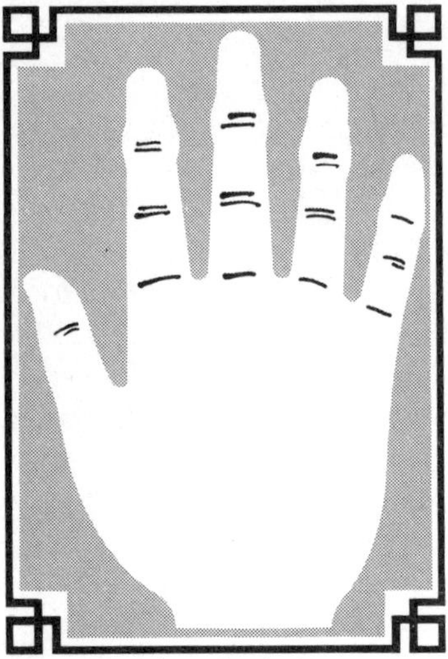

Der philosophische Knoten

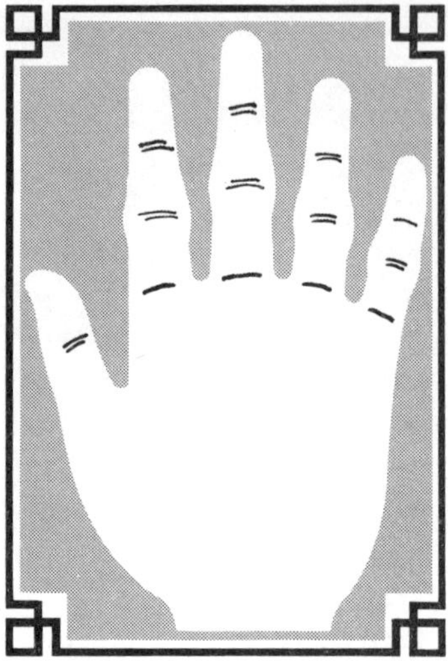

Der Ordnungsknoten

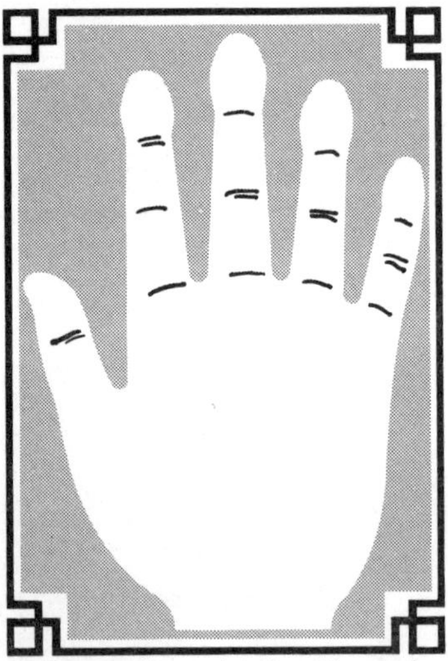

Der Knoten des praktischen Verstandes

ben sie tiefe Überzeugungen, von denen sie kaum abweichen. Auch fassen sie schwer Vertrauen zu ihren Mitmenschen und haben die Neigung, ihre Gefühle zu unterdrücken.

Der Ordnungsknoten:
Dieser Knoten befindet sich zwischen Mittel- und Wurzelglied. Er steht für klares und außerordentlich diszipliniertes Denken und für einen scharfen Verstand. Dieser Charakter sucht in erster Linie Ordnung und Sicherheit und stellt im allgemeinen feste Regeln in seinem Leben auf. Auch wenn er in seiner äußerlichen Erscheinung diese Grundzüge seines Wesens nicht unbedingt offenbart, liegt hierin doch sein Schwergewicht.

Der Knoten des praktischen Verstandes:
Dieser Knoten ist sehr selten. Er befindet sich nicht an einem Gelenk, sondern zwischen Fingerspitze und oberstem Fingergelenk. Hier ist der Sinn für Zweckmäßigkeit und Pragmatismus besonders ausgeprägt. Meist besteht eine starke Begabung im technischen Bereich.

Die Handfläche und die Deutung der verschiedenen Paläste

Palast des Windes

Bedeutung

Direkt unter dem Zeigefinger gelegen, repräsentiert der Palast des Windes jene Energie, die notwendig für die Umsetzung verschiedener Impulse ist. Er steht für Selbstvertrauen, innere Fülle, Aktionsdrang und Dynamik. In der westlichen Chiromantie heißt er Jupiterberg.

Der Wind ist mächtig und kraftvoll; er kommt vom Himmel und bringt seinen Segen mit sich. Er hält in Bewegung und treibt voran, er steuert und kann zugleich gesteuert werden. Er ist die treibende Kraft, die das ganze Dasein durchströmt, so wie der Atem den Körper durchströmt. Ursprünglich fährt der Wind in vielen Richtungen über die Erde, aber der Herrscher im Palast des Windes vereinigt sie.

Ein Mensch mit einer deutlich gezeichneten Erhebung an dieser Stelle besitzt die Eigenschaft, die eigenen Grundkräfte zu ballen und seinen Zielen eine eindeutige Richtung zu geben. Er ist wie der Kapitän eines Segelschiffes, der die Winde klug zu nutzen weiß und dadurch Kraft, Tempo und Dynamik entwickelt. Er ist stark, durchdrungen von dem Bedürfnis nach Aktivität, machtvoll und impulsiv in seinem Auftreten.

Im Palast des Windes ist die Energie enthalten, die das Ich zur aktiven Gestaltung des Lebens treibt. Im Zeigefinger findet die hier verkörperte Durchsetzungskraft ihre Fortsetzung.

Varianten

Ist der Palast des Windes flach und kaum sichtbar, liegt kein Interesse vor, das eigene Dasein aktiv zu gestalten. Antriebsschwäche, ein allzu bequemes Arrangement mit dem Gegebenen führen hier zu Erfolglosigkeit und Lebensunlust.

Ein normal ausgebildeter Windpalast, der sich deutlich vom Handteller abhebt, spricht dagegen für gesunden Ehrgeiz und eine positive Lebenshaltung. Aufgaben werden bewältigt, Pläne in die Tat umgesetzt.

Der extrem hohe Palast des Windes deutet auf Selbstüberschätzung und übertriebenen Geltungsdrang. Größenwahnsinnige Phantasien wechseln hier mit starken Minderwertigkeitsgefühlen.

Ist der Windpalast völlig glatt und nicht von Linien durchzogen, so spricht dies für ein ruhiges und gleichmäßiges Leben. Umgekehrt verhält es sich mit dem stark gefurchten Palast – hier herrscht ständiger Trubel, ein stetiges Auf und Ab der Verhältnisse.

Symbole

Der Punkt: Beruflicher Ärger kündigt sich an, eventuell ein Stellungswechsel.
Der Kreis: Dieses Symbol bedeutet Freude, innere Harmonie, eine gute Ausstrahlung auf andere.
Das Kreuz: Eine Liebesangelegenheit führt zu einer dauerhaften Bindung.
Der Stern: Ehrgeiz und Erfolgsstreben lassen eine steile Kar-

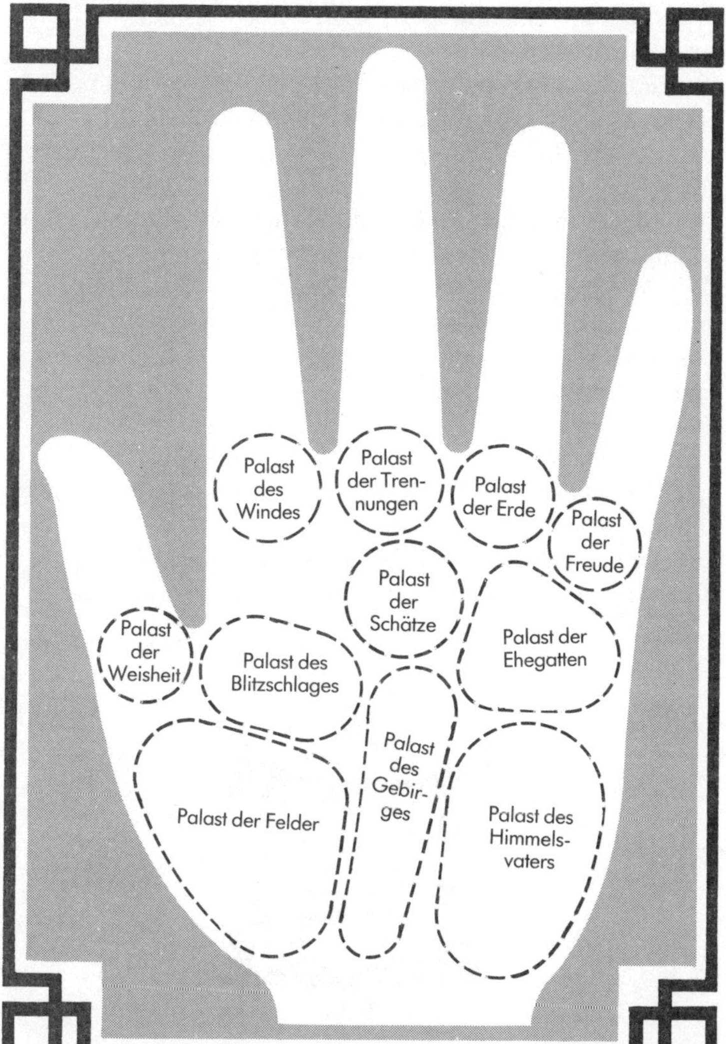
Palast des Windes
Palast der Trennungen
Palast der Erde
Palast der Freude
Palast der Schätze
Palast der Ehegatten
Palast der Weisheit
Palast des Blitzschlages
Palast des Gebirges
Palast der Felder
Palast des Himmelsvaters

riere erwarten. Befindet sich dieses Symbol jedoch am Handrand, sei Vorsicht vor Feuer angeraten!

Das Dreieck: Diplomatisches Geschick und Talent zum Politiker kennzeichnen Charaktere mit diesem Zeichen.

Das Viereck: Innere Kraft, Ausdauer, zähes Vorwärtsstreben führen zum Erfolg.

Das Gitter: Fremder und verderblicher Einfluß von außen kündigt sich an. Prozesse führen nicht zum Erfolg.

Der Pfeil: Richtet sich seine Spitze gegen den Palast der Trennungen, so bedeutet dies Leid, Trauer, Schwermut.

Das N: Glück im Handel und finanzieller Zuwachs sind in diesem Zeichen zu erwarten.

Zwei Schrägstriche: Störungen, Rückschläge, finanzielle Einbußen kündigen sich an.

Zwei senkrechte Striche: Diese beiden Zeichen geben Hinweise auf eine Anlage zum Rheumatismus.

Der Bumerang: Dieses Zeichen bedeutet eine Warnung vor Abtreibungen, Fehlgeburten und Unterleibserkrankungen.

Wind

Palast der Trennungen

Bedeutung

Wenn einst in China ein König seine Ländereien bereiste, residierte er immer im Palast der Trennungen. Von hier aus beurteilte er das Land und entschied im Zweifelsfall als oberster Richter in Prozessen.

Im Palast der Trennungen, der unterhalb des Mittelfingers liegt und im Westen Saturnberg genannt wird, manifestiert sich die Fähigkeit, das eigene Ich den Bedingungen der Realität zu unterwerfen. Auch Unabhängigkeitsdrang, Loslösung von den Vorfahren, Vernunft, Einschätzungsvermögen und ein eigener innerer Maßstab sind im Palast der Trennungen verkörpert.

In diesem Palast findet praktisch eine Konzentration der inneren Kräfte statt, wobei Wichtiges von Unwichtigem geschieden wird. Ballast, überkommene Gewohnheiten werden abgestreift, die Impulse werden bewertet und im Maßstab einer allgemeinen Ordnung gemessen. Das Ich steckt hier gewissermaßen seine Grenzen – es unterscheidet sich. Je höher der Palast der Trennung liegt, desto eher ist ein Mensch befähigt, als König im eigenen Land zu regieren und sein Leben auf vernünftige und klar durchdachte Weise zu organisieren. Prinzipientreue und Unabhängigkeit der Entscheidung, Gedankentiefe und Realitätseinsicht sind typische Merkmale von Menschen mit gut entwickeltem Trennungspalast.

Varianten

Ein glatter Palast der Trennung läßt auf ein ruhiges Leben ohne besondere Höhen und Tiefen schließen, während der von vielen Linien durchzogene auf Lebenskampf und hohen Einsatz verweist. Ein normal entwickelter Palast spricht für intensive geistige Auseinandersetzungen und Liebe zur Unabhängigkeit, die allerdings bis zur Einsamkeit reichen kann. Extreme Höhe an dieser Stelle bedeutet Geiz, Gefühlskälte und Verschlossenheit. In gewissen Fällen kann es auch zu schweren depressiven Zuständen kommen, zu dem Gefühl ständiger Isolation. Auch die Gefahr eines Suizidversuchs ist im extrem entwickelten Palast der Trennungen gegeben.

Bei Querlinien, die den Palast der Trennungen durchziehen, muß man mit vielen Hindernissen äußerer Art rechnen. Um Erfolg wird hier hart gerungen.

Symbole

Der Punkt: Hier spielt die Färbung eine wichtige Rolle. Handelt es sich um einen roten Punkt, sind Kränklichkeit und schwache Konstitution Anlaß zu häufiger Besorgnis.
Der Kreis: Dieses Zeichen ist positiv zu bewerten. Es verspricht finanziellen Gewinn.
Die Insel: Eine Liebesgeschichte bahnt sich an, eventuell aber auch nur eine kurze und heftige Affäre.
Das Kreuz: Unachtsamkeit und Leichtsinn können einen Unfall herbeiführen.

Der Stern: Unruhe und Mißgeschick machen das Dasein für eine Zeitlang zum Fegefeuer.
Das Dreieck: Hier besteht eine Neigung zum Okkultismus, positiv gesprochen aber auch zur religiösen Demut.
Das Viereck: Dieses Zeichen ist praktisch der Schutzengel bei drohender Gefahr.
Das Gitter: Zeitweise beherrschen Trauer, Wehmut und Verlassenheitsgefühl das Leben.
Die Gabel: Erfolg, Wohlstand und innere Zufriedenheit sind in diesem Symbol enthalten.
Der Tannenzweig: Hier liegt eine Anlage zu epileptischen Anfällen vor.
Drei senkrechte Striche: Im Alter wird sich das Leben stabilisieren.
Drei Querlinien: Hemmungen und innere Widerstände sind die Gründe für den Mangel an Erfolg.

Trennung

Palast der Erde

Bedeutung

Im Palast der Erde unter dem Ringfinger wird unsere „weibliche“ Seite ausgedrückt, unsere Sehnsucht nach Hingabe, aber auch unser Schönheitssinn, unsere Begabung auf künstlerischem Gebiet.

Die beiden Aspekte werden in China im Zusammenhang gesehen. Wenn in alten Zeiten die chinesischen Kaiser ihre Morgentoilette machten, so geschah dies in einem großangelegten Ritual. Dienerinnen wuschen und kleideten den Kaiser, pflegten und massierten ihn. Somit war das morgendliche Aufstehen fester Bestandteil des höfischen Lebens und Ausdruck verfeinerter Sitten. Eine alltägliche Verrichtung wurde zur Kunst erhoben.

Im Palast der Erde entscheidet sich, ob unser Leben rein zweckgebunden verläuft oder ob wir Lebenskünstler sind. Nicht umsonst trägt dieser Palast in der westlichen Chiromantie die Bezeichnung Apolloberg.

Hier ist allerdings nicht nur die musische Begabung gemeint, sondern auch das Talent, unseren Alltag zu verschönern, ihn durch Kleinigkeiten aus der Kette praktischer Verrichtungen herauszuheben. Im Palast der Erde drängt das Ich über sich selbst hinaus. Somit verkörpert er die Sehnsucht nach einem anderen Menschen, nach Eindrucksfähigkeit, Toleranz und Güte. Auch spiegelt er mit der Höhe seiner Erhebung unsere Möglichkeiten des Ergriffenseins wider – mag es sich dabei um ein Bild, Musik oder eine schöne Landschaft handeln.

Varianten

Ein schwach entwickelter Erdpalast weist auf eine prosaische, nüchtern denkende Natur hin, deren Handeln hauptsächlich zweckorientiert ist. Beim normal ausgeprägten Erdpalast kann man von einem durchschnittlichen Interesse an geistigen Inhalten sprechen. Übertriebene Ruhmsucht und Protzerei findet man im extrem hohen Erdpalast verkörpert.

Sind an dieser Stelle kaum Linien sichtbar, läßt sich von einem zufriedenen, aber wenig aufregenden Dasein sprechen. Ziehen sich Querlinien über den Erdpalast, die unter dem Mittelfinger beginnen, muß man mit diversen Hindernissen rechnen. Kommen sie von der entgegengesetzten Richtung, befinden sich intrigante und boshafte Menschen in nächster Umgebung.

Eine senkrechte Linie an dieser Stelle verspricht späten Erfolg auf künstlerischem Gebiet, während mehrere Linien die Neigung zur Zersplitterung dokumentieren.

Symbole

Der Punkt: Ein roter Punkt auf dem Erdpalast weist auf eine schwache Konstitution hin, während eine sehr dunkle Färbung Unannehnlichkeiten und Ärger erwarten lassen.

Der Kreis: Erfolg und Anerkennung werden durch hohen Einsatz erwirkt.
Die Insel: Ungünstige Verhältnisse, berufliche Veränderungen kündigen sich an.
Das Kreuz: Beziehungen treiben die Karriere voran.
Der Stern: Wohlstand, Erfolg und Ansehen sind zu erwarten.
Das Dreieck: Religiosität und geistiges Erleben haben hier den Vorrang. Eventuell liegt eine Begabung auf literarischem Gebiet vor.
Das Viereck: Dieses Symbol warnt vor möglichen Verlusten und verspricht Schutz in gefahrvollen Situationen.
Das Gitter: Das Verlangen nach Anerkennung wird häufig enttäuscht.
Die Gabel: Dieses Symbol begünstigt alle Unternehmen im Bereich des Handels.

Erde

Palast der Freude

Bedeutung

Im alten China besaß jeder Kaiser einen Harem, der in einem für andere unzugänglichen Bezirk innerhalb der Palastmauern lag. In diesem Harem befriedigte er seine sexuellen Bedürfnisse, aber auch sein Verlangen nach Geselligkeit. Es wurde musiziert und geplaudert, es wurden heitere und ernste Gespräche geführt, es wurde getanzt und getrunken. Der Harem war ein Ort des Amüsements und der Kommunikation. Dieser Palast beschreibt unser Talent im Umgang mit anderen, unsere Redegewandtheit, unseren Humor. Er erzählt auch etwas über unsere Lebenseinstellung – ob wir eher heiter durchs Leben gehen oder mehr pessimistisch. Auch über unsere Vorlieben gibt dieser Palast Auskunft.

Varianten

Ein schwacher Palast der Freude läßt auf fehlende Begabung im Bereich des Handels und der Wissenschaften schließen. Dagegen spricht der gut entwickelte Palast für Witz, Schlagfertigkeit und schriftstellerisches Können. Ist er extrem stark und hoch, so bedeutet dies oft eine Neigung zu Heuchelei.

Symbole

Der Punkt: Mißerfolge im beruflichen Bereich entstehen infolge von Irrtümern und Fehlkalkulationen.
Der Kreis: Nervosität und übergroße Anspannung haben vorübergehende Erschöpfungszustände zur Folge.
Das Kreuz: Dieses Symbol ist sehr erfolgversprechend, besonders im Handelsbereich. Diplomatische Fähigkeiten bewirken den positiven Ausgang von Geschäften.
Der Stern: Herausragende Entdeckungen im Bereich der Wissenschaft werden gemacht.
Das Dreieck: Das Dreieck verspricht Ausgewogenheit.
Das Viereck: In brenzligen Situationen wird immer wieder ein Ausweg gefunden.
Das Gitter: Hier herrscht ein eklatanter Mangel an Prinzipien. Unzuverlässigkeit und verlogenes Benehmen können zu vorübergehender Isolation führen.
Kleine kurze Striche: Extreme Interessenvielfalt verhindert hier zielstrebiges Vorwärtskommen.
Zwei Querlinien: Die Beziehung zu anderen ist vorübergehend stark gestört.

Freude

Palast der Ehegatten und Favoriten

Bedeutung

Im Palast der Ehegatten erfahren wir etwas über unsere Fähigkeit, unser eigenes Wesen zu anderen in Beziehung zu setzen. Hier verdeutlicht sich, ob wir in der Lage sind, Kritik zu äußern und den eigenen Standpunkt zu vertreten, auch wenn es dabei vielleicht zu größeren Auseinandersetzungen kommen mag. Es geht nicht um Streitsucht, sondern um das Bewußtsein der eigenen Persönlichkeit, die sich auch um den Preis der Harmonie anderen gegenüber als eigenständiger Mensch verhält. Umgekehrt geht es im Palast der Ehegatten auch um unser Vermögen, Kritik von anderen einzustecken, ohne sofort in einen Abgrund aus Schmerz und Wehleidigkeit zu verfallen. Auseinandersetzungen werden bei einem normal entwickelten Palast als Chance begriffen, als Möglichkeit, zu einer souveränen Persönlichkeit.

Varianten

Der flache Palast weist im allgemeinen auf Mangel an Mut und Auseinandersetzungsfreude hin, während der extrem starke auf Streitsucht und übermäßigen Widerspruchsgeist schließen läßt. Wird dieser Palast von sehr vielen Linien durchzogen, so läßt dies auf feindlich gesinnte Personen innerhalb der näheren Umgebung schließen. Das Verhältnis zu Freunden und Bekannten, aber auch zur Familie ist nicht das beste.

Symbole

Der Punkt: Ein deutlich gekennzeichneter roter Punkt warnt vor Verletzungen. Ist er dagegen dunkelbraun, muß man mit chronischer Erkrankung rechnen.
Das Kreuz: Dieses Zeichen weist auf hartnäckiges Verfolgen eigener Ziele hin. Das muß nicht zum Erfolg führen.
Der Stern: Hier bedeutet der Stern Gefahr, schwere Körperverletzung.
Das Dreieck: Große innere Kraft und Selbstbeherrschung, aber auch strategische Fähigkeiten sind im Dreieck verkörpert.
Das Viereck: Dieses Zeichen kann als Schutz vor möglichen Gefahren gedeutet werden.

Ehegatten

Palast des Himmelsvaters

Bedeutung

Der Himmel gilt in China als Ort der Intuition, des unbewußten Wissens um unser wahrhaftes Wesen. Von ihm empfangen wir die Eingebung. Der Palast des Himmels hängt voller Bilder, die nur im Traum auftauchen und dem Tagesbewußtsein oft nicht zugänglich sind. Hier regiert ein Herrscher, der nicht von dieser Welt ist, der jenseits unserer üblichen und diesseitigen Maßstäbe lebt, der unser Leben mit den Gaben der Phantasie bereichert, der uns aber auch Schutz und Hilfe gewährt, wenn wir uns in gefahrvollen Situationen befinden. Im Westen heißt dieser Palast Mondberg.

Menschen, die einen besonders hohen Himmelspalast besitzen, sind oft sehr empfindsam und hellhörig. Sie haben eine feine Wahrnehmung, eine starke Antenne für innere Bezüge und kosmische Zusammenhänge. Wenn sie ihre Gaben umzusetzen verstehen, können sie durchaus bei der Bewältigung realer Anforderungen von Nutzen sein. Geschieht dies aber nicht, werden sie von ihren inneren Bildern so überflutet, daß sie nur unter Schwierigkeiten Kontakte eingehen können. Die eigene Realität ist mächtig – die Wirklichkeit erscheint in verzerrtem Licht.

Varianten

Ist der Palast des Himmelsvaters kaum als Erhebung sichtbar, haben materielle Interessen den Vorrang vor geistigen Werten. Mangel an Phantasie und fehlender Schönheitssinn machen das Leben freudlos und arm. Der gut entwickelte Palast weist auf künstlerisches Ausdrucksvermögen, auf geistige und spirituelle Interessen. Beim extrem ausgebildeten Palast muß man allerdings von einem wahnhaften Verhältnis zur Realität sprechen.

Senkrechte Linien verraten Intuition, aber auch Anfälligkeit für Gicht und Rheuma. Berühren die Linien die Kopflinie kann die Phantasie Kunstwerke hervorbringen.

Symbole

Der Punkt: Ist der Punkt dunkelbraun, läßt dies auf Störungen der Verdauungsorgane schließen. Ein roter Punkt spricht für krankhafte Einbildungskraft, Neigung zu Wahngebilden.
Die Insel: Eine Insel steht für die Kraft der Imagination, auch für hellseherische Fähigkeiten.
Das Kreuz: Erst im Alter kann mit Geld gerechnet werden.
Der Stern: Wahnhafte Phantasien führen häufig zu Mißverständnissen und Irrtümern.
Das Dreieck: Hier liegen okkulte Neigungen vor, unter Umständen sogar magische Kräfte.
Das Viereck: Das Viereck bietet Schutz vor Unfällen auf Reisen.
Das Gitter: Launenhaftigkeit, häufiger Stimmungswechsel,

übergroße nervliche Anspannung sind häufig die Gründe für Auseinandersetzungen mit anderen.
Lange Striche: Die Striche haben hier die Bedeutung von Reisen.
Gegabelte Striche: Diese Zeichen weisen auf eine Veränderung der Lebensumstände hin.
Durchkreuzter Strich: Hier wird eine Reise plötzlich und abrupt beendet.

Himmelsvater

Palast des Gebirges

Dieser Palast liegt in der Mitte der Handfläche und erhebt sich erst in der Nähe des Handgelenks; die Handlesekunst des Westens nennt ihn Marsebene. Damit beschreibt der Palast einen Weg, das Auf und Nieder, die Veränderungen, die das menschliche Schicksal prägen.

Es geht hier um Geduld, das Aushalten von Spannungen, das Zulassen möglichen Wandels. Auch Toleranz ist eine Eigenschaft, die sich in diesem Palast manifestiert, die Fähigkeit, den anderen so zu lassen, wie er nun einmal ist.

Das Dasein ist eine Abfolge ständigen Wechsels, ein wechselvolles Spiel, ein Prozeß der Veränderung. In diesem Palast geht es um die Akzeptanz der Tatsache, daß der Weg letztlich immer das Ziel ist. Je höher dieser Palast über der Talsohle aufragt, desto mehr Spannungen haben wir zu bestehen, desto wechselvoller gestaltet sich unser Dasein.

Berg

Palast der Felder

Bedeutung

Im Innern dieses Palastes finden wir all jene Schätze, die es uns ermöglichen, ein Leben aus der Fülle heraus zu führen. Es ist der Palast der reinen Triebkraft, der elementaren und noch ungerichteten Energie. Damit verkörpert der Palast der Felder jenes Erbe in uns, das uns von Anbeginn zur Verfügung steht, jenes Potential, das im Daumen, dem kräftigsten Finger unserer Hand, seine Verwirklichung findet.

Die im Palast der Felder wirkenden Kräfte liegen auf der unbewußten Handunterseite. Sie drücken den reinen Lebenstrieb aus, den Teil, der der Arterhaltung dient. Deshalb verkörpert gerade dieser Palast unsere sexuellen Bedürfnisse, unser Verlangen nach Erotik und Sinnlichkeit: Westliche Handdeuter nennen ihn den Venusberg. Je ausgebildeter dieser Palast ist, desto vitaler und triebhafter ist ein Mensch.

Varianten

Ein schwach entwickelter, weicher und niedriger Palast der Felder läßt auf Mangel an Durchsetzungsvermögen schließen. Auch Selbstsucht und fehlende Herzlichkeit sind oft

Kennzeichen solcher Charaktere. Der normal ausgebildete Palast drückt Wärme, Seelengröße, elementares Interesse an allem Lebendigen aus.

Ist er dagegen extrem stark und außerdem etwas rötlich gefärbt, so muß man von Zügellosigkeit und Leichtsinn sprechen. Der fein gezeichnete Palast spricht für ein lebhaftes und leidenschaftliches Temperament, während starke Linien auf extremes sinnliches Verlangen und starke, schwer beherrschbare Affekte hinweisen.

Der volle, aber weiche Palast verkörpert Hilfsbereitschaft und Fürsorglichkeit. Nicht so positiv ist es, wenn er sehr glatt ist, also kaum von Linien durchzogen. Man findet diese Art Palast bei gefühlsarmen und leidenschaftslosen Charakteren.

Symbole

Der Punkt: Ein dunkler Punkt verweist auf die Anfälligkeit im Bereich der Hörorgane. Ein roter Punkt läßt auf körperliche Mangelerscheinungen schließen.

Die Insel: In diesem Fall hat man eine vorteilhafte Verbindung, eventuell eine Ehe, verpaßt.

Das Gitter: Launen, heftige Ausschweifungen, übertriebene Affekte sind bei Gitterbildungen zu vermerken.

Der Stern: Vor allem, wenn der Stern auf der Basis des zweiten Daumengliedes sitzt, erwarten einen in der Ehe Kummer und Belastungen.

Das Dreieck: Hier herrscht ein starkes Verlangen nach Ruhe und Besinnung. Menschen mit diesem Symbol können oft jahrelang sexuell enthaltsam leben.

Das Viereck: Hier wirken sich selbstverschuldete Probleme störend auf die Partnerschaft aus.
Viele feine Linien: Eine sehr verfeinerte Sinnlichkeit sorgt hier für eine besondere Ausstrahlung.
Starke tiefe Linien: Zuviel Offenheit in der Erotik kennzeichnet diesen Charakter.
Der Bogen: Der Bogen liegt parallel zur Lebenslinie und bedeutet Schutz vor Gefahren und ein starkes Abwehrsystem gegen Krankheiten.
Viele Schrägstriche: Ein besonderes Talent auf sprachlichem Gebiet liegt hier vor. Menschen mit dieser Daumenzeichnung sind oft sehr publikumswirksam.

Felder

Palast des Blitzschlages

In diesem Palast (im Westen Kleiner Marsberg genannt) findet die noch ungerichtete Energie des Feldpalastes ihren Weg und ihr Ziel. Im Palast des Blitzschlages muß sich die Energie, die Vitalkraft formulieren. Hier zeigt sich, ob wir die Fülle, die Antriebskraft, die uns zur Verfügung steht, zum Einsatz bringen können, ob wir Herausforderungen begegnen werden, ob unser Dasein reich an Erlebnissen ist. Im Palast des Blitzschlages artikuliert sich die Energie, mag es sich dabei um die Durchsetzung der eigenen Person oder um die Befriedigung sexueller Bedürfnisse handeln. So entsteht hier auch das Moment des Kampfes, der Aggressivität, der gebündelten Kraft, mit der wir unserer Umwelt entgegentreten. Je höher dieser Palast sich über die übrige Handfläche erhebt, desto freudiger nehmen wir Dinge in Angriff, desto stärker ist unser Drang, den Lebenskampf zu bestehen.

Blitzschlag

Palast der Weisheit

Im Palast der Weisheit liegen die inneren Gemächer des Kaisers, befindet sich der Ort, an den er sich zurückzieht, um über sich selbst nachzudenken. Hier empfängt er seinen Lehrer und Ratgeber und sinnt über seine eigene Handlungsweise nach. Es ist ein Ort der Ruhe, des Lernens und der Erkenntnis.

Im Palast der Weisheit offenbart sich unsere Möglichkeit, aus den Erfahrungen, aus Irrtümern und Fehlschlüssen Erkenntnisse zu gewinnen. Geist und Lernfähigkeit, Einsicht und Besonnenheit entwickeln sich hier.

Die vitalen Kräfte drängen nach Verwirklichung. Im Palast der Weisheit wird der Trieb vergeistigt, werden Handlungsweisen revidiert. Güte und Weisheit sind hier oberstes Gesetz. Die genaue Bedeutung einzelner Symbole auf diesem Palast entspricht der im Abschnitt „Daumen“ beschriebenen.

Weisheit

Palast der Schätze

Der Palast der Schätze liegt im Zentrum der Handinnenfläche. Hier werden sowohl materielle als auch ideelle Güter gesammelt und gelagert.

Am Palast der Schätze wird deutlich, ob ein Mensch Ordnung halten kann, ob er Klarheit, Disziplin und Sparsamkeit walten läßt. Hier werden alle Talente sozusagen verwaltet und gespeichert. Auch Gründlichkeit gehört zu den hier angesprochenen Eigenschaften, eine gewisse Liebe zum Detail und nicht zuletzt die manuelle Geschicklichkeit. Doch auch das Bedürfnis nach Sicherheit wird hier sichtbar.

Je tiefer dieser Palast in der Talsenke der Handinnenfläche liegt, desto disziplinierter ist ein Charakter, desto ausgeprägter ist seine Fähigkeit, Prioritäten zu setzen und sein Leben gut zu organisieren.

Schätze

Die wichtigsten Linien

Die Lebenslinie

Bedeutung

Die Lebenslinie beginnt normalerweise zwischen Daumen und Zeigefinger und verläuft in einem Bogen um den Daumenballen in Richtung Handgelenk. Fälschlicherweise wird immer davon ausgegangen, daß die Länge der Lebenslinie etwas über die Dauer unseres Lebens aussagt. Daß dies nicht so ist, beweisen die Hände von manchen alten Menschen – ihre Lebenslinie ist oft sehr kurz.

Die Länge dieser Linie spielt also im Grunde nur eine untergeordnete Rolle – wie überhaupt die Lebenslinie eher eine qualitative Aussage über mögliche Entwicklungen, über die Art der Herkunft, über die körperliche Disposition trifft. Je sichtbarer und deutlicher sie ist, desto vitaler und energiegeladener sind wir. Auch bestimmte Erkrankungen und einschneidende Ereignisse registriert die Lebenslinie.

Varianten

Die Lebenslinie ist häufig gekettet:
Hier muß man von einer zarten körperlichen Verfassung sprechen. Personen mit dieser Linie sollten nicht allzuviel

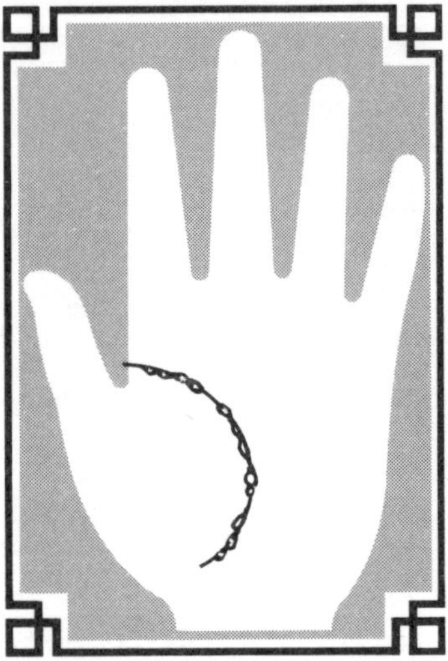

Lebenslinie häufig gekettet

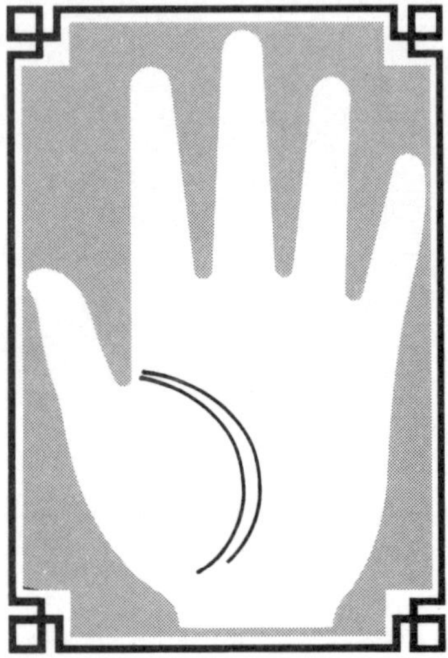

Lebenslinie doppelt

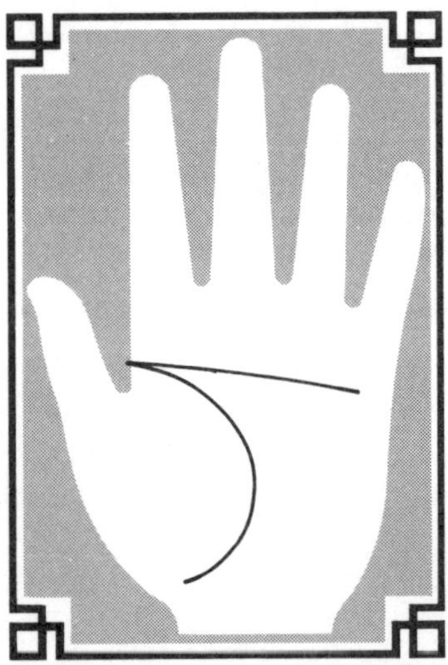

Gemeinsamer Ursprung von Kopf- und Lebenslinie

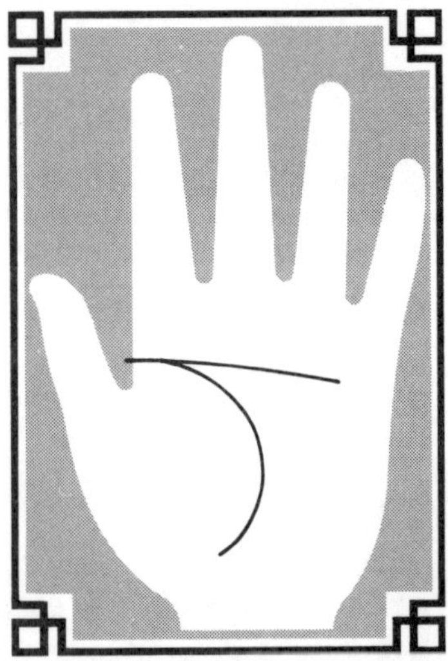

Kopf- und Lebenslinie teilweise verschmolzen

Raubbau mit ihrer Gesundheit treiben, sondern ihre häufigen Erschöpfungszustände ernst nehmen, denn sonst könnten sie ernsthaft erkranken.

Die Lebenslinie ist doppelt:
Hier ist die Vitalkraft praktisch verdoppelt. Solche Menschen haben eine schier unverwüstliche Konstitution. Sie bewältigen alle Anforderungen quasi mit links – sie besitzen Kraft, Ausdauer und ein heiteres Temperament, das sie eigentlich nie im Stich läßt.

Lebens- und Kopflinie haben einen gemeinsamen Ursprung:
Dieser Ursprung der Lebenslinie ist sehr häufig. Im Normalfall beträgt die gemeinsame Wegstrecke einen Zentimeter. Das bedeutet, daß das Ich auf gesunde Art vom Elternhaus, von den Vorfahren sich löst. Entscheidungen werden ab dem entsprechenden Alter selbständig getroffen, die Verantwortung für das eigene Schicksal wird voll und ganz getragen.

Die Lebenslinie verschmilzt über ihren Ursprung hinaus mit der Kopflinie:
Je länger die gemeinsame Wegstrecke der beiden Linien ist, desto schwerer fällt es diesem Charakter, eigene Entscheidungen zu fällen und sein Leben entschlossen selbst in die Hand zu nehmen. Unter Umständen kann er sein Leben lang von seiner Familie abhängig bleiben.

Der gemeinsame Ursprung von Lebens- und Kopflinie ist stark gekettet:
Das Kettenmuster bedeutet, daß Familienwohlstand, Stabilität und Harmonie hart erkämpft sind. Menschen mit diesem Muster sind im allgemeinen nicht als verwöhnte Königskinder aufgewachsen.

Die Lebenslinie beginnt genau zwischen Daumen und Zeigefinger:
Solche Menschen verfügen meist über ein ungewöhnlich lebhaftes Temperament. Allerdings sind sie leicht beeinflußbar und können eigene Ziele oft nicht klar abstecken.

Die Lebenslinie beginnt zu nahe am Daumen:
Dies gilt als Zeichen für Unfruchtbarkeit. Auch neigen solche Charaktere dazu, sich selbst zu isolieren, und sie besitzen eine kühle Ausstrahlung.

Die Lebenslinie beginnt in einem Abstand zur Kopflinie:
Hier herrscht ein eklatanter Mangel an Erdverbundenheit, Bodenständigkeit. Aus diesem fehlenden Realitätsbezug heraus werden leichtsinnige und tollkühne Pläne in Angriff genommen.

Der Bogen der Lebenslinie führt bis in den Palast des Windes:
Hier sind diverse Hindernisse zu überwinden. Nur durch eisernen Willen und Strebsamkeit kann ein gewisser Wohlstand errungen werden.
Menschen mit diesem extremen Bogen neigen auch zur Selbstüberschätzung und können sich nur schwer an das Gegebene anpassen.

Die Lebenslinie umkreist den Daumenballen und verschmilzt am Ende mit dem Jadearmband:
Hier werden häusliche und soziale Verpflichtungen sehr ernst genommen. Auch geht man sehr sorgsam mit traditionellen Werten um.

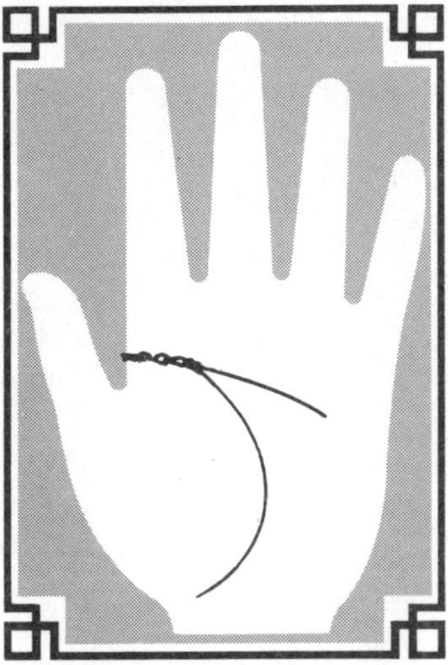

Ursprung von Kopf- und Lebenslinie stark gekettet

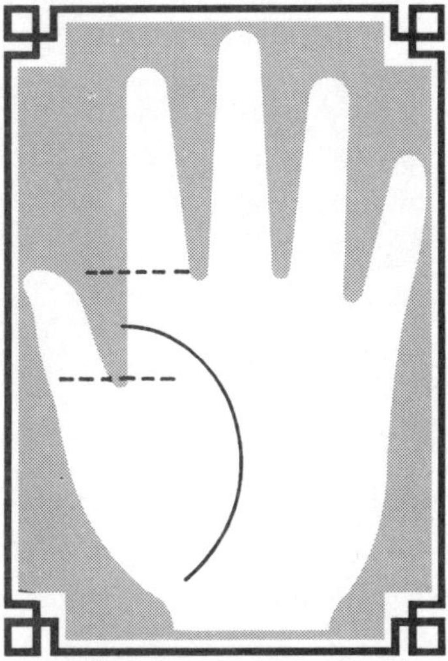

Lebenslinie beginnt genau zwischen Daumen und Zeigefinger

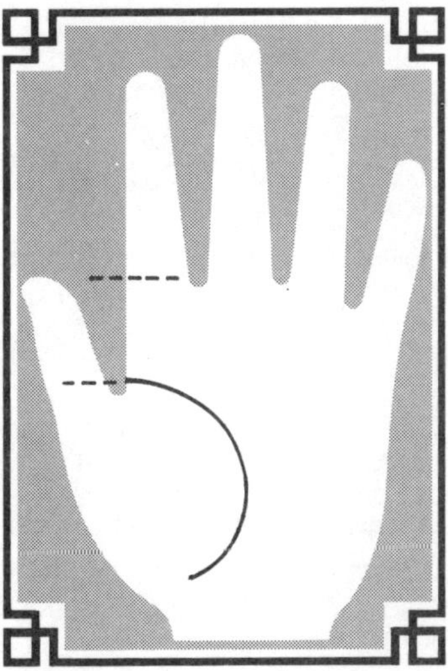

Lebenslinie beginnt zu nahe am Daumen

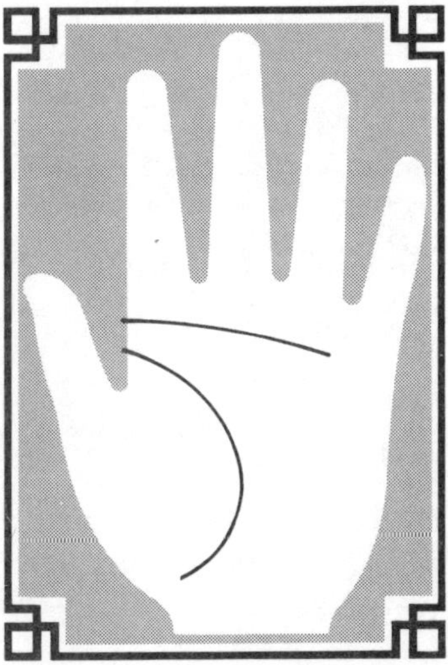

Lebenslinie beginnt mit Abstand zur Kopflinie

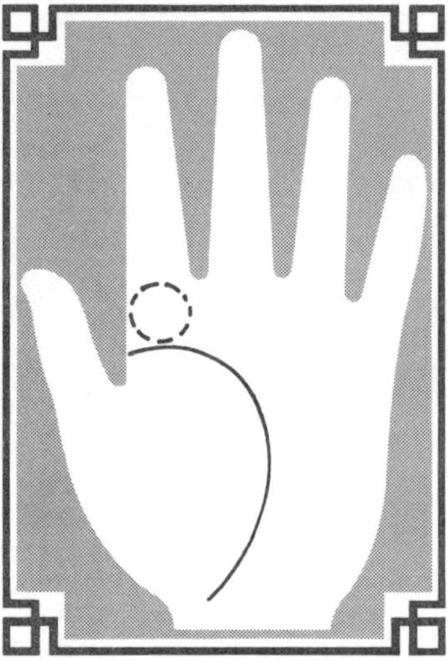

Lebenslinie führt bis zum Palast des Windes

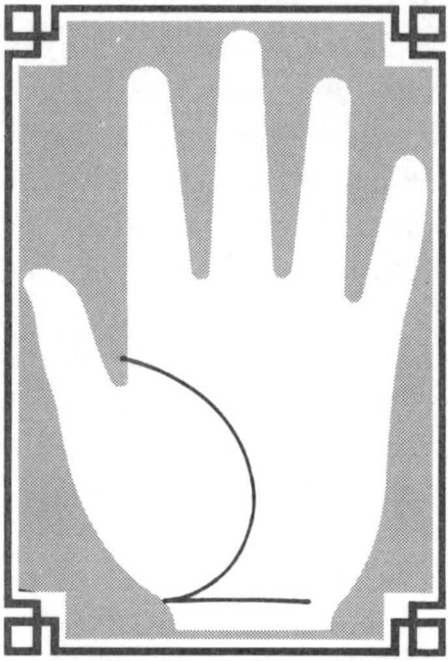

Lebenslinie führt um Daumenballen herum zum Jadearmband

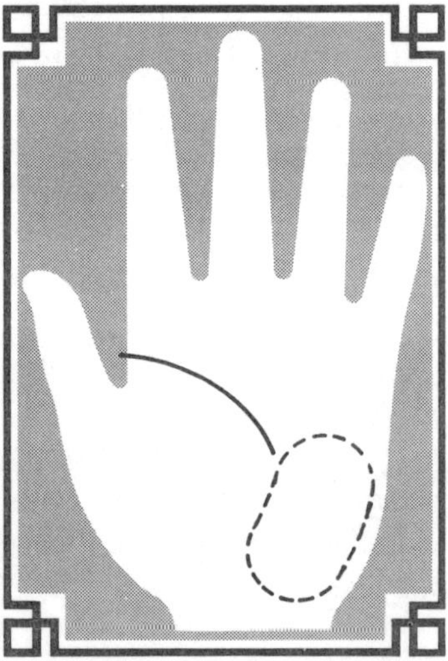

Kurzer Bogen der Lebenslinie bis zum Palast des Himmelsvaters

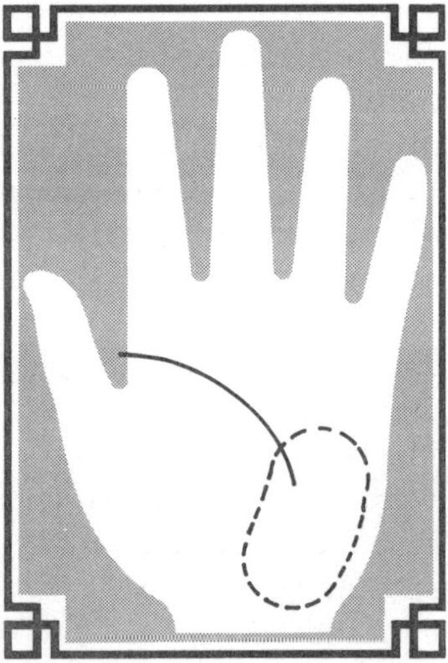

Lebenslinie endet im Palast des Himmelsvaters

Die Lebenslinie beschreibt nur einen kurzen Bogen und endet in feinen Linien, die zum Palast des Himmelsvaters führen:
Hier sind starke Sehnsüchte nach Ungebundenheit, nach Zwanglosigkeit vorhanden. Allerdings hat dieser Typus das Problem, daß er seine Träume meist nicht ohne weiteres in die Tat umsetzen kann. So flüchtet er sich häufig in ausschweifende Phantasien.

Die Lebenslinie endet im Palast des Himmelsvaters:
Hier ist ein Abenteurertyp bezeichnet, der weite Reisen und verwegene Sportarten liebt. Meist besitzt er ein gesundes Durchsetzungsvermögen.

Die Lebenslinie endet in zwei Zweigen, die aber in verschiedene Richtungen auslaufen:
Das Abstreifen alter Gewohnheiten fällt solchen Charakteren schwer. Sie neigen dazu, Ding zu verewigen.

Die Lebenslinie ist tief eingekerbt und hat eine deutliche rosa Färbung:
Hier handelt es sich um einen aggressiven Charakter, der mitunter auch zur Gewalttätigkeit neigt. Er ist impulsiv und jähzornig und kann sich nur unter größten Mühen zu beherrschen lernen.

Die Lebenslinie ist schlecht gezeichnet und verläuft in leichten Wellen:
Mangel an Lebensenergie und fehlendes Durchsetzungsvermögen sind die wesentlichen Kennzeichen dieses Menschen. Er ist schnell verletzt und zieht sich gern zurück. Da er sehr ökonomisch mit seinen Kräften umgeht, erreicht er meist ein hohes Alter.

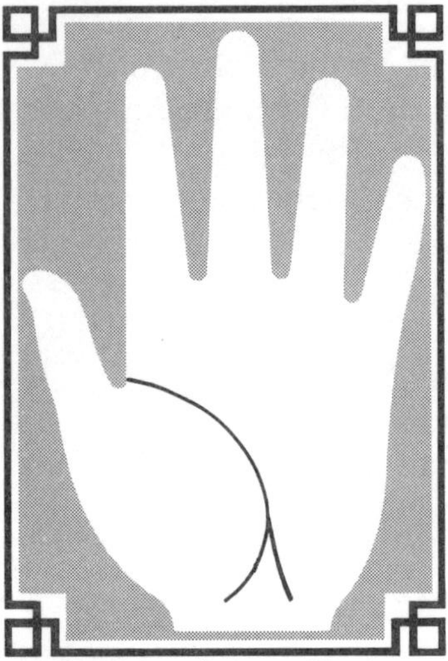
Lebenslinie endet in zwei Zweigen

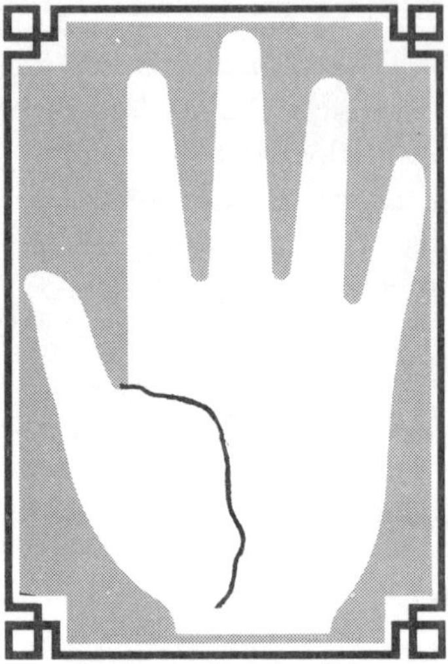
Leicht gewellte Lebenslinie

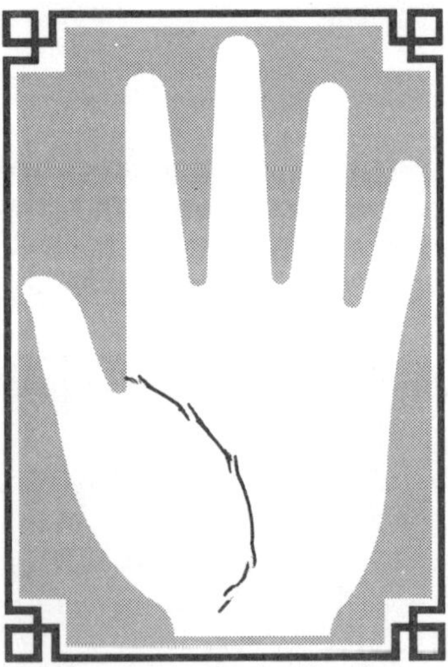
Lebenslinie häufig durchbrochen

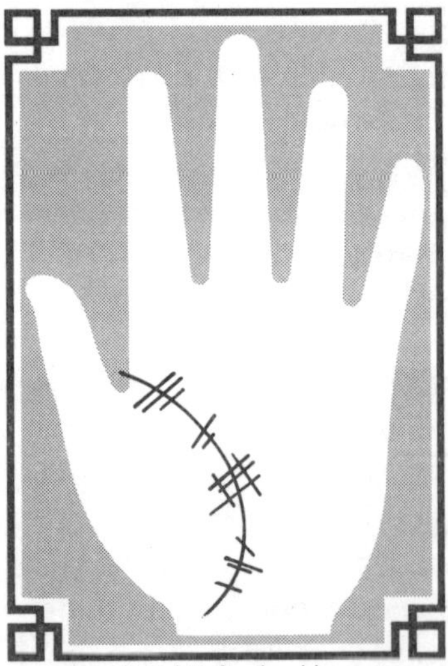
Lebenslinie häufig durchkreuzt

Die Lebenslinie ist lang, aber nur sehr zart:
Nervosität, Überempfindlichkeit, Phasen höchster Erschöpfung machen diesem Charakter das Leben schwer. Obwohl er sich alle Mühe gibt, kann er das Alltagspensum nur unzureichend bewältigen.

Die Lebenslinie ist häufig durchbrochen:
Bruchstellen verweisen auf mögliche Krankheiten, aber auch auf tiefgreifende seelische Probleme. Ist die Bruchstelle aber durch feine Linien verbunden oder von einem Viereck umgeben, so heißt dies, daß es sich um keine ernstliche Krankheit handelt.

Die Lebenslinie ist in ihrer Strichführung verschieden stark:
Dies weist auf einen launenhaften Charakter hin, der unter seinem eigenen Stimmungswechsel häufig leidet. Auch gesundheitlich müssen hier starke Schwankungen verzeichnet werden.

Die Lebenslinie ist von vielen feinen Linien durchkreuzt:
Hier kommt es häufig zu Störungen, mag es sich um plötzlich ausbrechende Krankheiten oder um seelische Probleme handeln.

Die Lebenslinie enthält eine oder mehrere gut sichtbare Inseln:
Bei den Inseln kann es sich um ungefährliche Krankheiten handeln, die in bestimmten Zeitabschnitten immer wieder ausbrechen. Ganz allgemein bedeutet die Insel Schwäche und Erschöpfung. Wichtig bei den Inseln ist ihr Verhältnis zur Linie und ihr Winkel zu bestimmten Palästen. Liegt die Insel quer auf der Lebenslinie, können ökonomische Einschränkungen eine Zeitlang hindernd wirken.

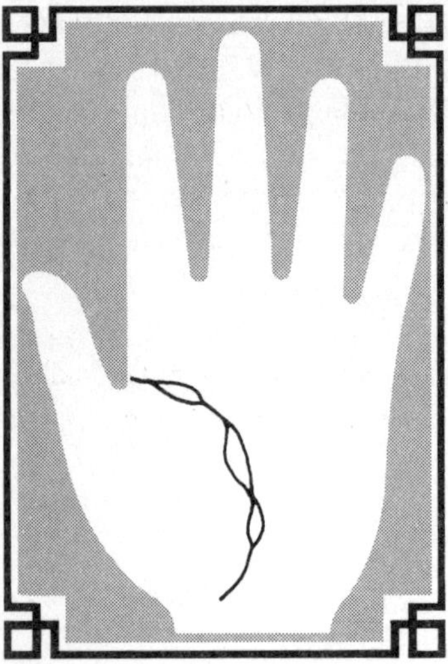

Lebenslinie mit Inseln

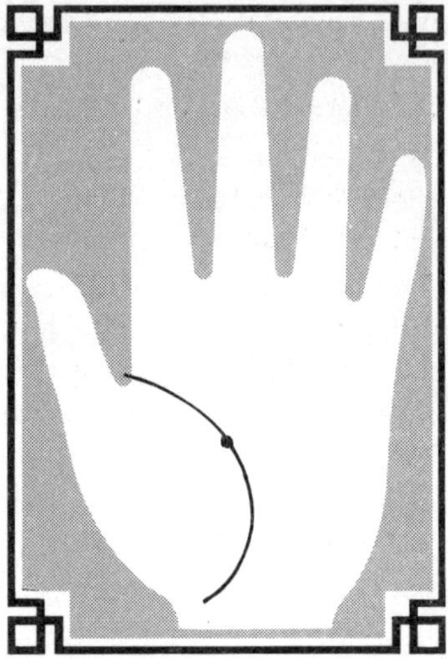

Lebenslinie mit Punkt

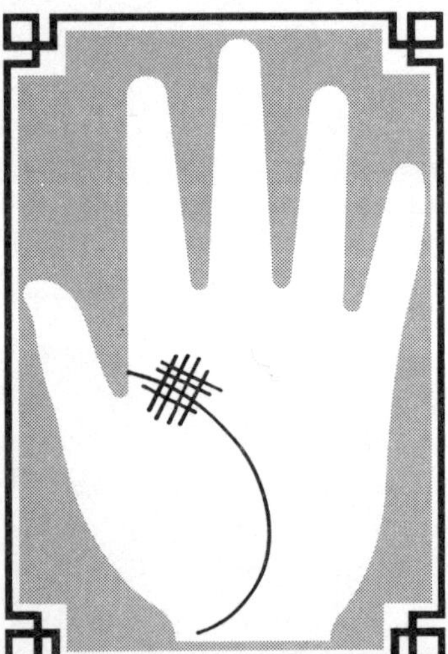

Gitter am Anfang der Lebenslinie

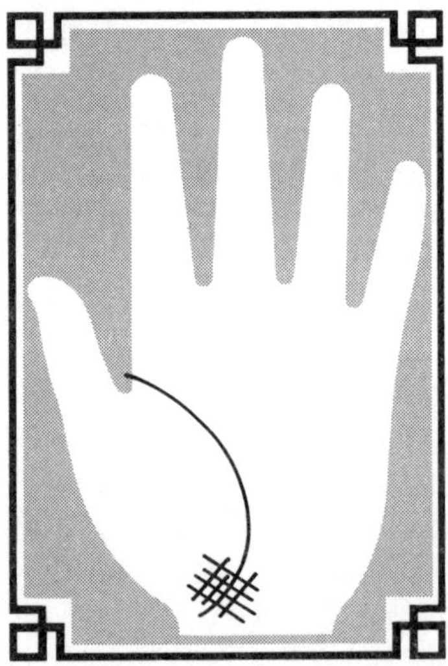

Gitter am Ende der Lebenslinie

Wenn sich die Insel zum Palast der Trennungen oder zum Palast der Ehegatten neigt, sind Sorgen im finanziellen Bereich häufiger Anlaß zu Mißstimmungen, auch Streitereien.
Neigt sich die Insel zum Palast der Erde, kommt es zu Heimlichkeiten und zu häufigen Versteckspielen. Insgesamt handelt es sich um eine ziemlich problematische Situation.

Auf der Lebenslinie befindet sich ein Punkt:
Hier handelt es sich um eine vorübergehende gesundheitliche Störung. Ernst ist die Krankheit lediglich dann, wenn der Punkt eine tiefrote Färbung hat.

Zu Beginn der Lebenslinie ist ein Gitter:
Das Gitter am Ursprung der Linie bedeutet verminderte Leistungsfähigkeit, quälende Erschöpfungszustände, das Gefühl, den Alltag nicht mehr bewältigen zu können.

Das Gitter liegt auf dem Ende der Lebenslinie:
Hier kommt es zu einem unerwarteten negativen Ereignis.

Die Herzlinie

Bedeutung

Die Herzlinie beginnt normalerweise unterhalb des kleinen Fingers und endet auf dem Zeigefingerballen. Sie ist die erste stärker gezeichnete Linie im oberen Drittel der Handinnenfläche.

Wie der Name schon sagt, erfahren wir aus dem Verlauf der Herzlinie etwas über unsere Empfindungen, über unsere Impulse und über unser Verhältnis zur Umwelt. Sie bezeichnet nicht nur unsere erotischen Bedürfnisse, sondern drückt in ihrem Verlauf unsere gesamte seelische Disposition aus. Auf der Herzlinie manifestiert sich unsere Bereitschaft, auf den anderen zuzugehen, aber unter Umständen auch unsere Distanz zum anderen. Sowohl Möglichkeiten, die die Zukunft betreffen, als auch Erfahrungen, die in der Vergangenheit gemacht wurden, lassen sich auf ihr ablesen. Oft finden wir in den verschiedenen Mustern Hinweise auf frühkindliche Prägungen, auf Erlebnisse, die entscheidend für den gesamten weiteren Lebensverlauf sind. Doch nicht nur Krisenmomente sind auf ihr festgehalten, sondern auch die Phasen der Harmonie, des inneren Gleichgewichts.

Bevor nun auf die einzelnen Formen der Herzlinie eingegangen wird, möchte ich vorausschicken, daß die Länge nur von sekundärer Bedeutung ist. Entscheidend sind vielmehr Tiefe, Breite und Färbung. Anhand dieser drei Gesichtspunk-

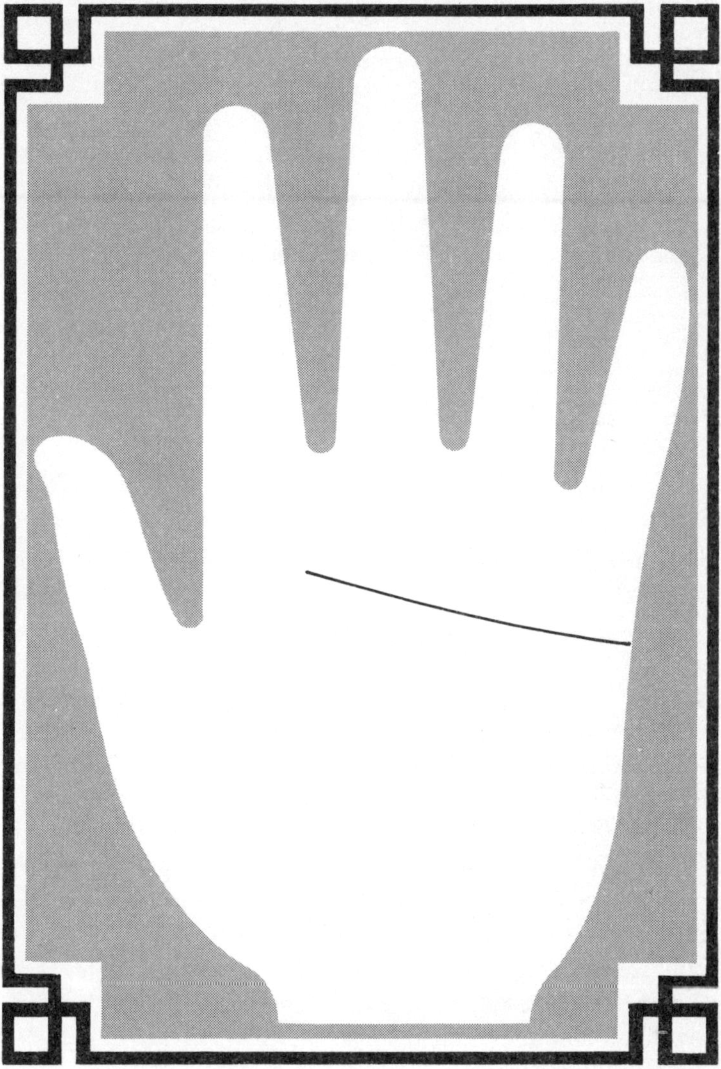

Gerade Herzlinie

te läßt sich die Intensität der Gefühlswelt erkennen. Auch die Lage ist in diesem Zusammenhang wichtig – je weiter die Herzlinie nämlich in den Handinnenraum hineinreicht, desto stärker wird ein Mensch von Emotionen regiert. Liegt sie dagegen sehr nahe an den Fingerwurzeln, wird das Dasein eher nach vernünftigen und rationalen Gesichtspunkten gesteuert.

Insbesondere an der Färbung lassen sich physische Gegebenheiten erkennen. Die Herzlinie trifft ja auch Aussagen über das physische Herz, über Kreislauf und Blutzirkulation.

Varianten

Die gerade Herzlinie:
Eine gerade Herzlinie ohne sichtbaren Schwung deutet im allgemeinen auf einen zweckorientierten, rationalen Charakter hin. Seine Lebensgestaltung ist im wesentlichen ebenso geradlinig wie der Verlauf seiner Herzlinie. Er wird wenig von Affekten regiert. Seine Erwartungen und Bedürfnisse sind meist sehr bewußt gesteuert und zeugen von einer logischen und realitätsbezogenen Einstellung. Selten wird er von leidenschaftlichen Gefühlen heimgesucht, es sei denn, sie haben die Zensur seiner Vernunft bereits passiert. In diesem Fall allerdings kann es manchmal geschehen, daß jähe Eifersucht in ihm hervorbricht, daß sein Gefühl ihn auf ungewohnte Weise mitreißt.

Im allgemeinen sind die Reaktionen dieses Charakters schnell und gewandt. Er besitzt ein sachliches Einschätzungsvermögen und kann sich im allgemeinen rasch den realen Bedingungen anpassen.

Klar und nüchtern erkennt dieser Pragmatiker seine Ziele.

Auch in der Partnerschaft schätzt er deutlich abgesprochene Verträge, die die jeweiligen Erwartungen, Bedürfnisse und Aufgaben klar umgrenzen. Unter diesem Aspekt ist er in der Lage, tiefe und dauerhafte Beziehungen einzugehen.

Eine geschwungene Herzlinie mit Kurvenende nach oben:
Je deutlicher die Herzlinie eine Kurve beschreibt, desto emotionaler reagiert ein Mensch. Das Gefühl ist zentrale Antriebskraft all seiner Handlungen, was mitunter auch zu heftigen Affekten, zu leidenschaftlichem und subjektiv verzerrtem Handeln führt. Doch im allgemeinen sind die Beziehungen zur Umwelt von Mitgefühl und Herzlichkeit geprägt. Entscheidungen werden eher spontan getroffen, rationale Gesichtspunkte spielen dabei nicht unbedingt eine Rolle.

Menschen mit dieser Linienzeichnung neigen allerdings im Bereich der Partnerschaft leicht zur Phantasterei. Es sind ausgesprochene Strohfeuer-Charaktere, die sich leicht und schnell verlieben, wobei Illusionen und übertriebene Erwartungen keine geringe Rolle spielen.

Ihre Gefühle können sie nicht leicht bändigen, sie neigen zum Überschwang und zur Sentimentalität. Ihr Bedürfnis nach Zärtlichkeit ist oft überdimensional, kann unter Umständen sogar in eine gewisse Zügellosigkeit entarten. Auch tyrannische Züge sind bei diesen Charakteren vorzufinden – in ihrem Verlangen übersehen sie leicht die Grenzen des anderen und überfahren ihn mit ihren Bedürfnissen.

Geschwungene Herzlinie mit Kurvenschwung bis zur Zeigefingerwurzel:
Menschen, deren Herzlinie fast bis in den Zeigefinger hineinreicht, können sich meist sehr gut auf ihre Umwelt, ihren Partner einstellen. Sie sind emotional, warmherzig und temperamentvoll, haben allerdings die Neigung, die Welt durch

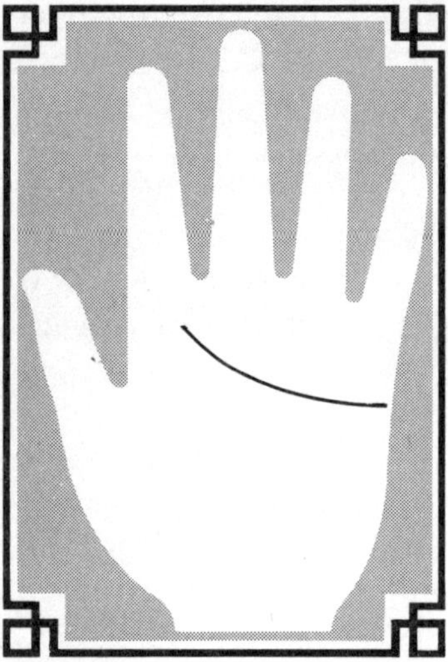

Geschwungene Herzlinie

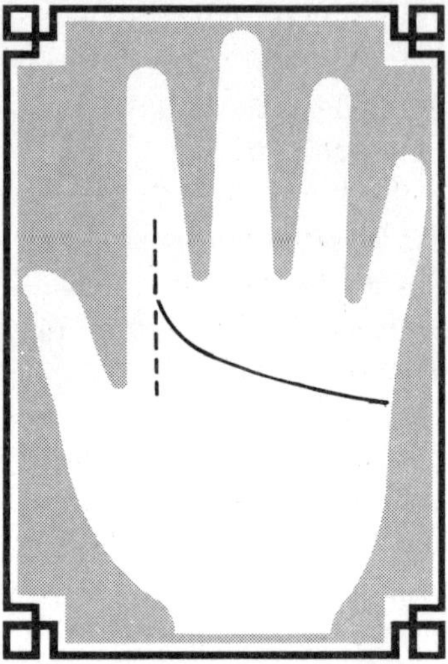

Herzlinie, zum Zeigefinger geschwungen

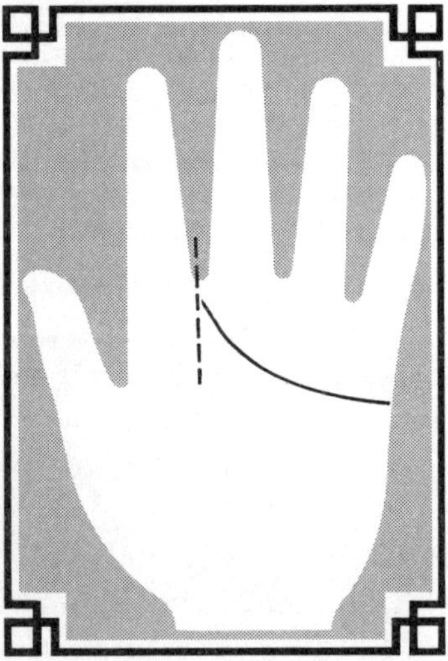

Geschwungene Herzlinie endet zwischen Zeige- und Mittelfinger

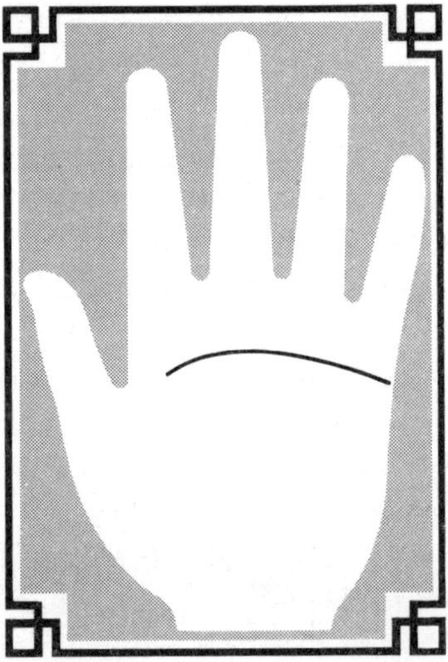

Herzlinie, nach unten verlaufend

eine romantisch verfärbte rosa Brille zu sehen. Für ihren Partner würden sie alles tun, da Harmonie für sie lebensnotwendig ist.

Schwierigkeiten entstehen allerdings dann, wenn eine Korrektur ihres Verhaltens gefordert wird. Meist sind sie nämlich auf bestimmte Muster fixiert und können sich nur schwer umstellen. In diesem Punkt ertragen sie auch keinerlei Diskussion. Ganz allgemein gesprochen, sind diese Charaktere ausgesprochen konfliktscheu.

Geschwungene Herzlinie mit Kurvenende zwischen Zeige- und Mittelfinger:
Das Ende dieser Herzlinie deutet auf einen kontaktfreudigen, fast schon kontaktsüchtigen Charakter hin, dessen Lebensgefühl im wesentlichen durch die ständige Jagd nach dem Neuen bestimmt ist. Dieser Herzlinientypus fühlt sich in gewisser Weise überall zu Hause, wobei er nur sehr selten mit Anpassungsschwierigkeiten zu kämpfen hat.

In seinen Reaktionen ist er emotional, wenn nicht sogar hitzig. Er wirkt energiegeladen und vital und besitzt meist eine lebhafte Ausstrahlung.

Geschwungene Herzlinie mit Kurvenende nach unten:
Auch hier ist das Verhalten in der Hauptsache von der Empfindung, von der Emotion gesteuert. Die Sehnsucht nach Austausch von Gefühlen ist zentrales Lebensthema. Doch im Gegensatz zu den vorhergegangenen Fällen haben es diese Charaktere sehr schwer, ihre Gefühle zu äußern. Sie wirken ausgesprochen verhalten und sind nur schwer aus der Reserve zu locken. Im allgemeinen verlieben sie sich nicht leicht und haben oft eine scheue, wenn nicht stolze Ausstrahlung. Ihre tiefen und leidenschaftlichen Empfindungen zeigen sich auch dann selten, wenn sie sich innerlich vollkommen auf je-

manden eingelassen haben. Aufgrund der Intensität ihrer Gefühlswelt sind sie sehr verletzbar und ziehen sich bei der geringsten Bedrohung in sich selbst zurück.

Die Herzlinie durchtrennt die Handfläche und reicht bis zur Daumenkante:
Hier muß von einem Übermaß an Emotionen gesprochen werden. Menschen mit dieser Linie haben im wahrsten Sinne des Wortes zuviel Herz. Ihre Empfindungen werden kaum vom Verstand reguliert, was zu Launenhaftigkeit, aber auch zu heftigen Ausbrüchen führt. Beziehungen werden von ihnen in einer Totalität ausgelebt, die jeden Partner überfordert. Sie lassen dem anderen praktisch keine Luft, gönnen ihm keinen Bewegungsspielraum. Sie neigen zu Eifersucht und Intoleranz. Meist sind sie sich ihrer extremen Haltung, der Heftigkeit ihrer Bedürfnisse kaum bewußt und wundern sich, warum ihre Beziehungen bei so viel Liebe immer wieder scheitern.

Die Herzlinie beginnt mit einem Kettenmuster:
Eine stark verkettete Herzlinie läßt auf tiefe Enttäuschungen in der Kindheit schließen. Diese Kindheitserlebnisse können sich sehr hemmend auf die Fähigkeit zu lieben auswirken. Ein Charakter mit diesem Linienmuster muß die frühkindlichen Ketten gewissermaßen sprengen und sie als Ursache für seine jetzigen Hemmungen erkennen, bevor er bereit ist, eine wirkliche Liebesbegegnung zu erleben.

Die Herzlinie endet in einer Gabel:
Die Bereitschaft zu Liebe und Hingabe ist absolut mit Treue und Pflichtbewußtsein gekoppelt. Menschen mit einer gegabelten Herzlinie zeichnen sich meist durch das ungewöhnliche Verantwortungsbewußtsein aus, mit dem sie ihren Mitmen-

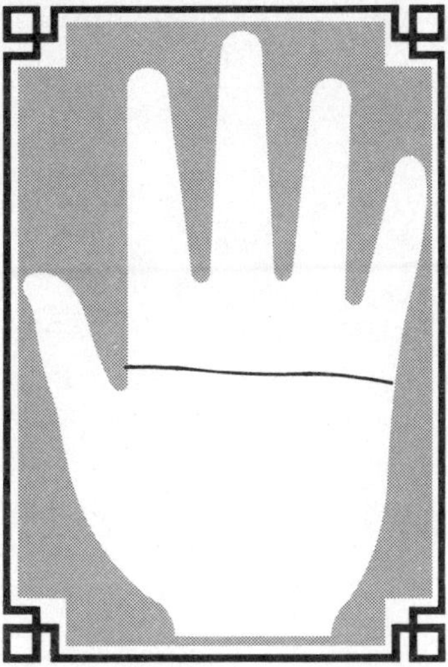

Durchgehende Herzlinie

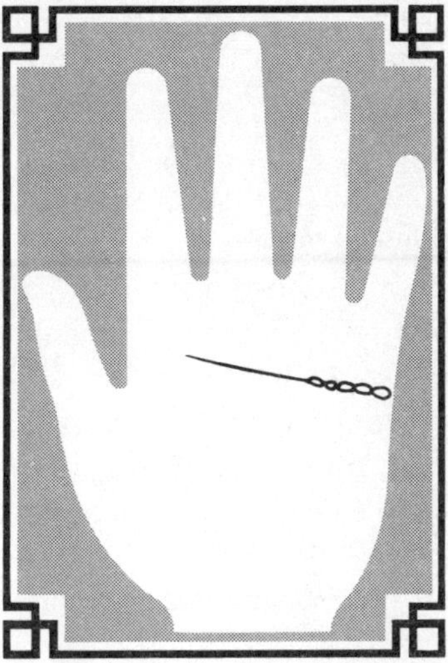

Beginn der Herzlinie gekettet

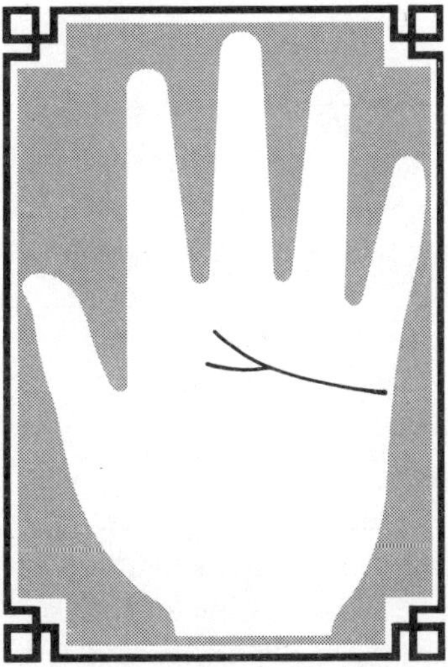

Gabel am Ende der Herzlinie

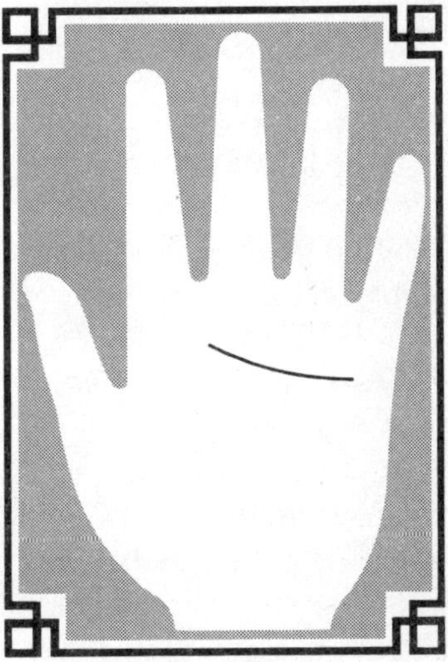

Freistehende Herzlinie

schen begegnen. Eine Trennung oder Scheidung kommt für sie nur im äußersten Fall in Frage. Sie setzen alles daran, den Menschen, den sie einmal erwählt haben, wirklich zu begleiten und ihm beizustehen.

Die Herzlinie beginnt nicht unterhalb des kleinen Fingers, sondern zwischen Ring- und kleinem Finger (freistehend):
Menschen, deren Herzlinie so frei im Raum steht, haben meist ein traumatisches Erlebnis hinter sich, das zu starken Hemmungen und Komplexen führen kann. Sehnsucht und Bedürfnis nach einem Liebespartner, nach einer menschlichen Gemeinschaft sind zwar durchaus vorhanden, aber es fehlen Mut und Kraft, diesem Bedürfnis auch Ausdruck zu verleihen, auf andere zuzugehen.

Die Herzlinie verästelt sich am Ende in verschiedene Richtungen:
Eine Verästelung am Ende der Herzlinie deutet darauf hin, daß man sich emotional gern verzettelt, daß Empfindungen nicht klar und eindeutig gerichtet sind. Das gefühlsmäßige Erleben geht weniger in Tiefe, sondern zerstreut sich mehr an der Oberfläche.

Intensive Beziehungen werden hier eher als bedrohlich empfunden.

Die Herzlinie endet direkt unter dem Zeigefinger:
Hier liegt eine gewisse Ichbezogenheit, wenn nicht Herrschsucht vor. Die Neigung zu dominantem Verhalten vermindert in gewisser Weise die Beziehungsfähigkeit, vor allem, weil man sich dessen meistens nicht bewußt ist. Auch der Hunger nach ständiger Bestätigung sowie krankhafte Eifersucht kennzeichnen diesen Charakter. Phasen des Alleinseins erträgt er nur schwer, da das eigene Ich praktisch nur im Spiegel des

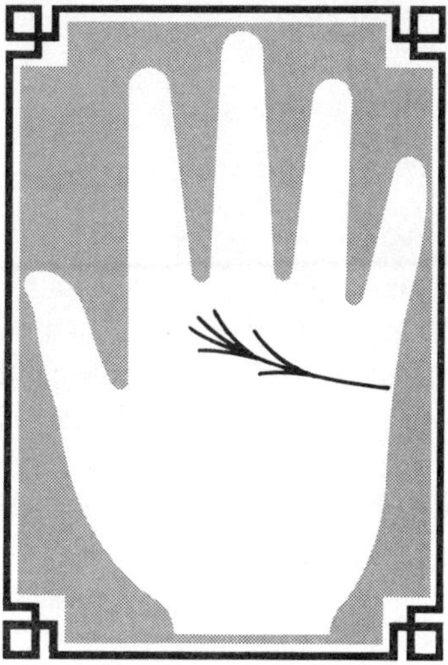

Verästeltes Ende der Herzlinie

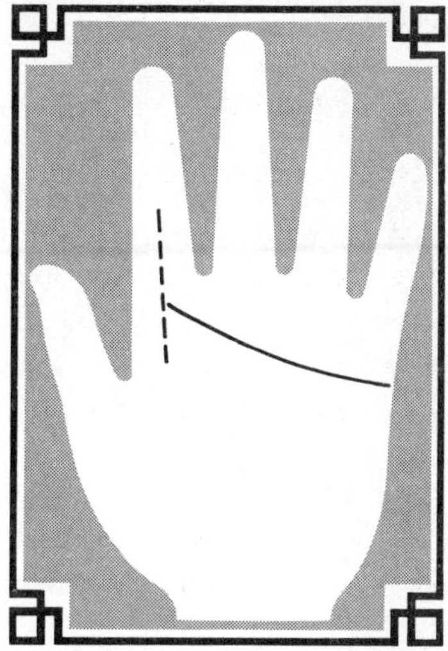

Herzlinie endet unter dem Zeigefinger

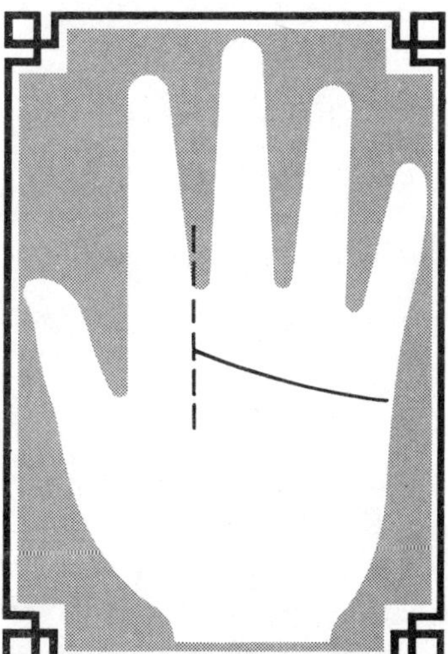

Herzlinie endet unter dem Zeige- und Mittelfinger

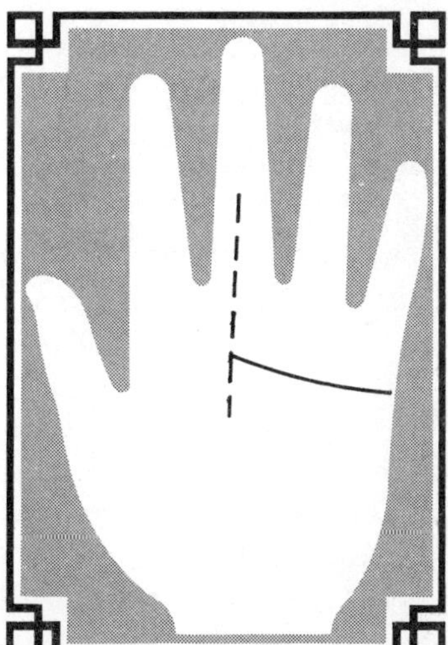

Herzlinie endet unter dem Mittelfinger

anderen existiert. Menschen mit diesen Herzlinien müssen die Bereitschaft zur Hingabe, zur Toleranz oft erst mühselig erlernen.

Die Herzlinie endet unter Zeige- und Mittelfinger:
Diese Endung weist auf die tiefe Bereitschaft hin, das eigene Ich zugunsten einer Liebesgemeinschaft zurückzunehmen. Mitgefühl und Anpassungsbereitschaft, Nachsicht und Toleranz werden als wichtiger empfunden als die Durchsetzung eigener Bedürfnisse. Oft werden diese Menschen jedoch durch ihre Empfindungen daran gehindert, eigene Ziele ins Auge zu fassen und konzentriert eine Arbeit zu verfolgen. Bei aller Eignung für eine Partnerschaft wird der Ichbereich nicht genügend gelebt, was auf Dauer zu starken Spannungen führen kann.

Die Herzlinie endet direkt unter dem Mittelfinger:
Hier überlagert die Logik, die Vernunft, aber auch das Kalkül die emotionalen Bedürfnisse. Menschen mit dieser Linienzeichnung wirken oft ein wenig kalt und berechnend. Der Verrat rät ihnen von Erfahrungen, lustvollen wie schmerzhaften, ab, die unter Umständen zu einer Bereicherung in seelischer Hinsicht führen können. Sie versuchen unter allen Umständen, mit den Mitteln der Vernunft das Leid zu umgehen, das ein spontanes Gefühl mit sich bringen kann.

Die Herzlinie führt zum Daumen:
Die Herzlinie steigt nicht nach oben, sondern fällt stark nach unten ab. Auch hier herrscht eine überstarke Ichbezogenheit vor, die Unfähigkeit, über sich selbst hinauszudenken. Die Realität der anderen wird unter dem eigenen Druck kaum wahrgenommen, was ständig das Gefühl, nicht geliebt zu werden, erzeugt.

Die Herzlinie liegt ganz nackt in der Hand (ohne kleine Verästelungen):
Notwendige Erfahrungen, die zur „Herzensbildung" gemacht werden müssen, werden hier vermieden. Der Weg soll möglichst einfach und geradlinig sein und ohne Komplikationen verlaufen. Es fehlt an der Bereitschaft, sich intensiv auf die Welt einzulassen und mögliche Auseinandersetzungen zu bestehen. Schlechte Erfahrungen sollen von vornherein ausgeschaltet werden.

Die Herzlinie ist wellenförmig:
Gefühle werden hier nur sporadisch ausgelebt. Charaktere mit dieser Wellenbildung haben es oft schwer, eindeutig Stellung zu beziehen. Oft leiden sie unter starken Ambivalenzen und wissen nicht, wie sie mit ihren ständig wechselnden Empfindungen umgehen sollen. In einer Ehe haben sie es meist schwer, da der Partner eine gewisse Beständigkeit erwartet.

Die Herzlinie verläuft gestrichelt:
Hier muß immer wieder von neuem Anlauf genommen werden, um Gefühle zu entwickeln. Es fehlt die Fähigkeit, sich wirklich ganz auf andere einzulassen, gemeinsame Durststrecken durchzuhalten. Das heftige Bedürfnis nach Bindung wechselt immer wieder mit Kältegefühlen, Abwehr, Empfindungslosigkeit ab. Menschen mit dieser Zeichnung befinden sich sozusagen auf einer Gefühlswippe.

Herzlinie mit Gitter:
Liegt ein Gitter auf der Herzlinie, fühlt man sich innerlich hin und her gerissen, kann sich weder dafür noch dagegen entscheiden. Das Gitter repräsentiert einen starken inneren Konflikt. Eine während einer Gitterphase eingegangene Partnerschaft kann nicht gutgehen, da der schnelle Wechsel wider-

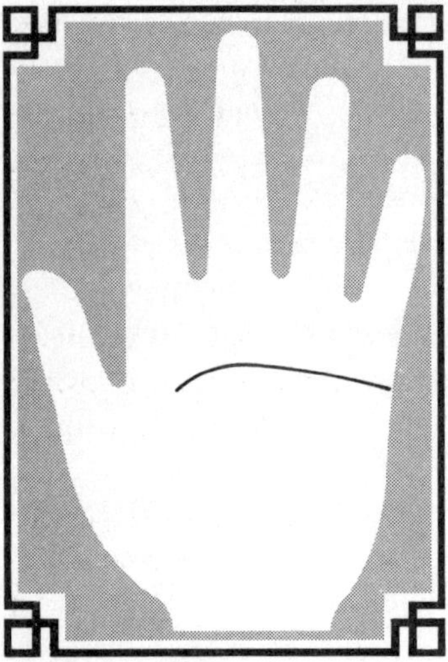

Herzlinie fällt zum Daumen ab

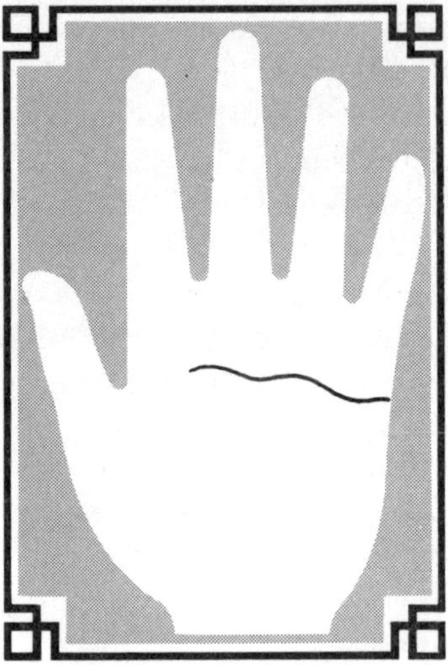

Wellenförmige Herzlinie

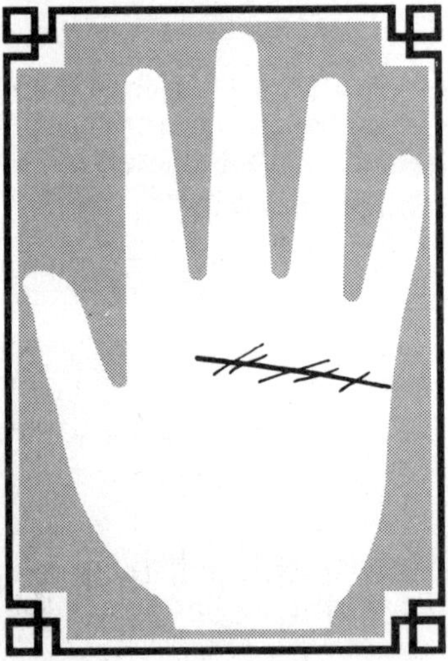

Gestrichelte Herzlinie

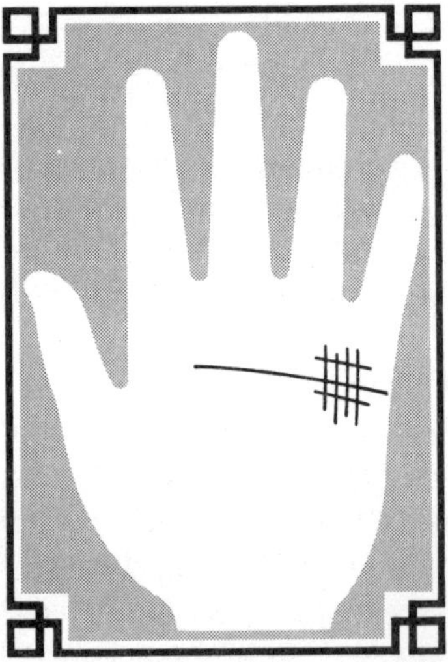

Herzlinie mit Gitter

sprüchlicher Empfindungen auf Dauer keine Harmonie garantiert. Vor allem, weil sich die innere Bedrängnis meist nach außen entlädt, wird die Partnerschaft über Gebühr strapaziert. Somit symbolisiert das Gitter einen Zustand seelischer Unausgeglichenheit und innerer Disharmonie.

Herzlinie mit Stern:
Die Herzlinie gerät im Stern in eine Art Wirbel. Dabei kann es sich um äußere Einflüsse handeln, aber auch um innere Konflikte. Der Stern verspricht aber einen positiven Ausgang solcher vorübergehender Wirrnisse. Es kann sogar eine ausgesprochen fruchtbare Phase beginnen, wenn es gelingt, das Ruder wieder an sich zu reißen. In der akuten Sternphase erlebt man sich allerdings unausgewogen und verwirrt, fühlt sich einer permanenten Reizüberflutung ausgesetzt.

Herzlinie mit Kreuz:
Hier gilt es, etwas zu durchkreuzen, das unter Umständen von starken Widerständen begleitet ist. Man befindet sich in einem seelischen Spannungszustand. Die Herzlinie erfährt eine Art Block in einem sie senkrecht durchkreuzenden Schnitt. Aber auch hier ist die Möglichkeit einer positiven Bewältigung gegeben. Kreuzpunkte sind oft entscheidende Phasen in der Entwicklung.

Herzlinie mit Insel:
Die Insel deutet auf eine zeitlich beschränkte, schwere seelische Krise oder Erschütterung hin. Es geht im wahrsten Sinne des Wortes um eine Abkapselung, der Zustrom von außen versiegt. Müdigkeit, ständig wiederkehrende Probleme gehören mit in den Inselkomplex. Das eigene Innere beschäftigt einen so stark und tiefgehend, daß es fast unmöglich scheint, nach außen zu treten. Oft sind Inselphasen Zeiten heftiger

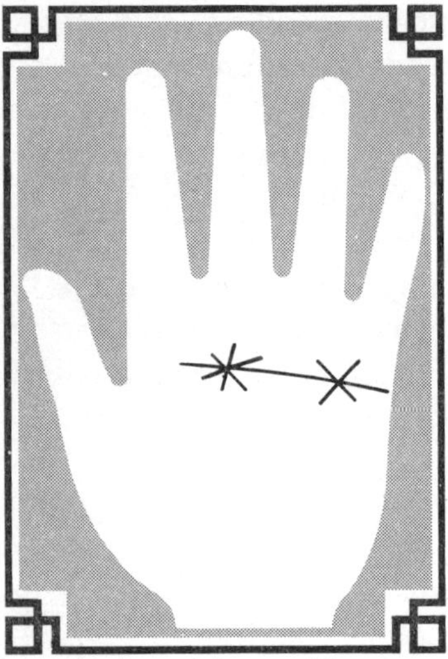

Herzlinie mit Stern und Kreuz

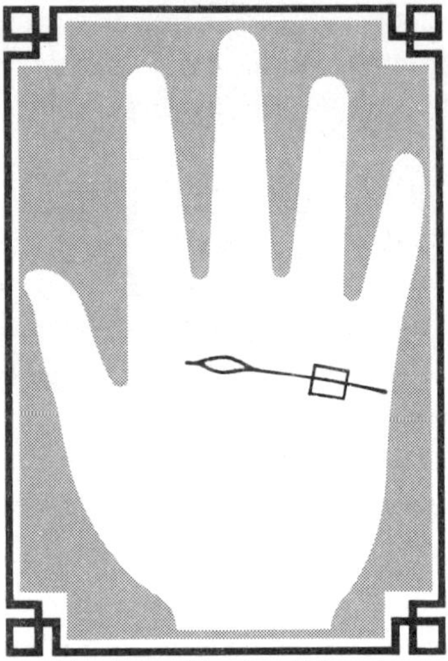

Herzlinie mit Insel und Viereck

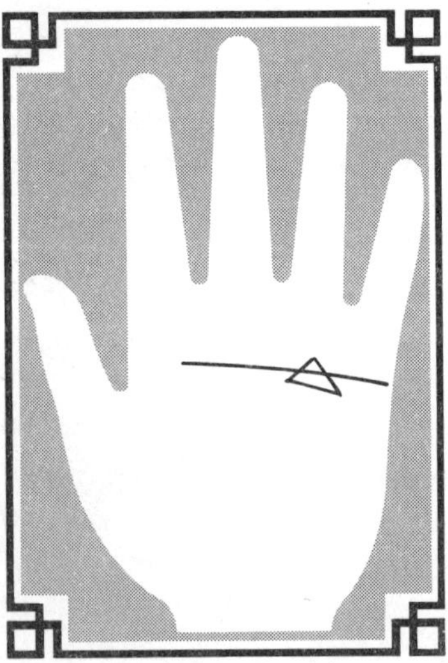

Herzlinie mit Dreieck

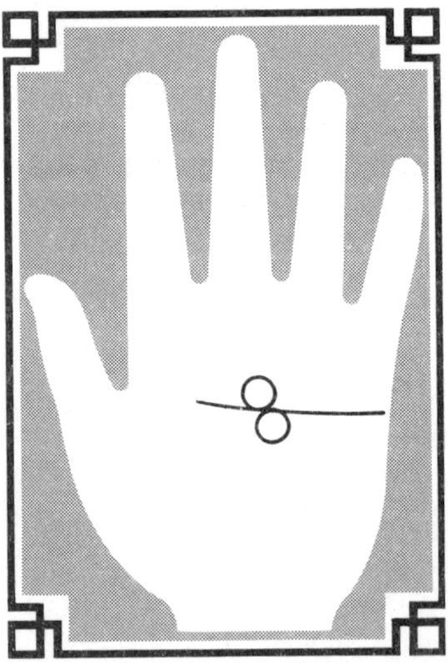

Herzlinie mit Zwilling

Trauer und Schwermut. Mit eingekapselt in der Insel liegt jedoch die Chance, vergangene Lebensentwürfe zu revidieren, einen neuen Weg zu beschreiten.

Herzlinie mit Viereck:
Das Viereck verspricht eine Phase der Harmonie, der inneren Ausgewogenheit, der Ruhe und des Erfülltseins. Vorübergehend ist man in der Lage, alle äußeren Eindrücke zu erfassen, ruht harmonisch in sich selbst, ohne sich von der Welt abkapseln zu müssen.

Herzlinie mit Dreieck:
Auch das Dreieck ist ein positives Symbol auf der Herzlinie. Es kennzeichnet eine Zeit, in der man mit sich selbst eins ist und aktiv in das Geschehen eingreifen kann. Die Stoßrichtung ist klar vorgezeichnet. Bei aller Aktivität fühlt man sich in der Dreiecksphase durchgängig stabil und gesichert.

Herzlinie mit Zwilling (zwei ineinander ruhende Kreise):
Hier bricht eine Zeit äußerster Unruhe heran, eine Art Unrast des Herzens, die zu ständiger und nicht befriedigender Jagd nach dem richtigen Partner führen kann. Viele Versuche münden jetzt in Enttäuschungen, dennoch fällt es schwer loszulassen. Es ist eine Phase, in der Erfahrungen gesammelt werden, die je nach Veranlagung positiv oder negativ verwertet werden.

Die Kopflinie

Bedeutung

Die Kopflinie, die man in China als „Linie des Menschen" bezeichnet, beginnt normalerweise zwischen Daumen und Zeigefinger und zieht in einer Horizontalen quer durch die Hand. Ihr Verlauf, ihre Form und ihre Beschaffenheit sagen uns etwas über unsere Fähigkeit, uns geistig mit den Anforderungen der Welt auseinanderzusetzen, über unsere Intelligenz und unsere Möglichkeiten der Einsicht.

Sie ist die Linie, die den unteren Handinnenraum – also den unbewußten Bereich – vom oberen trennt. Somit ist sie praktisch jene Grenze, an der tiefe, unbewußte Inhalte aufgehalten, aber auch heraufgeholt werden können. In der Sprache der Hand verkörpert sie demnach all jene Qualitäten, die es uns ermöglichen, bewußte Entscheidungen zu fällen, Denkstrukturen zu entwickeln und Kenntnisse zu erwerben.

Varianten

Gerader Verlauf der Kopflinie:
Hier ist ein Charakter gezeichnet, der sehr rational und nüchtern denkt. Er versteht es, die verschiedenen Lebens-

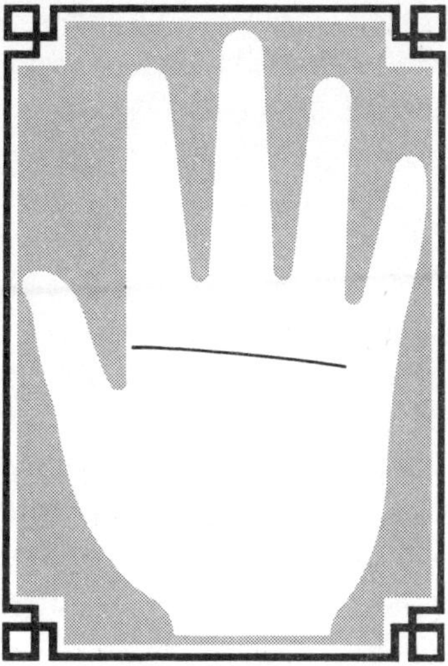

Gerade Kopflinie

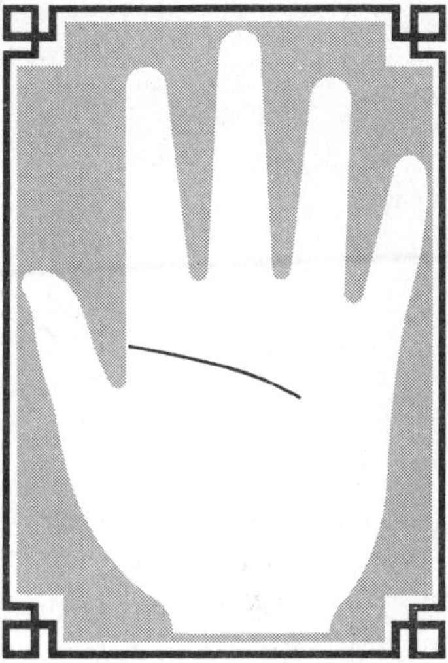

Abfallende Kopflinie

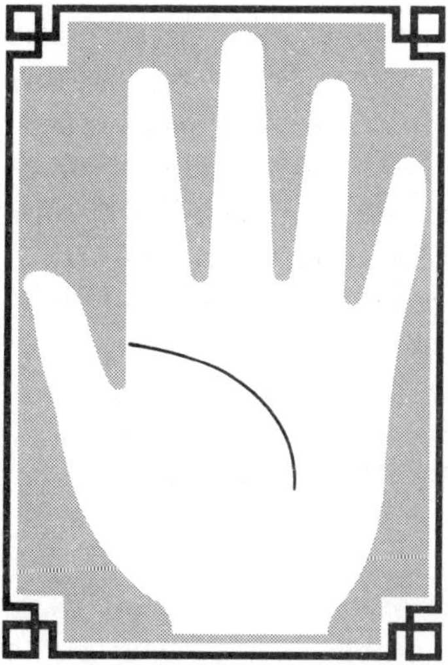

Kopflinie fällt extrem ab

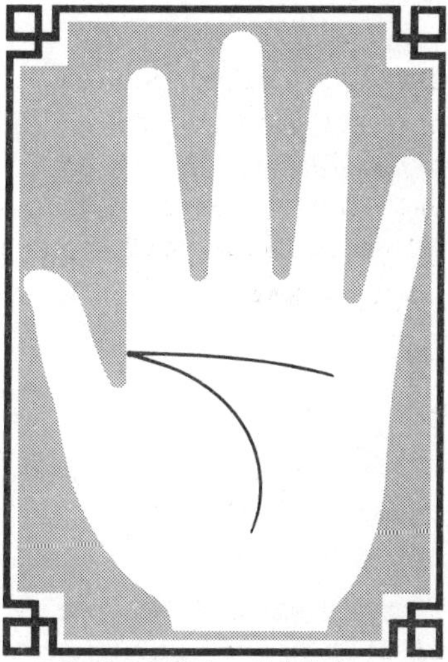

Kopf- und Lebenslinie haben gleichen Ursprung

erscheinungen in ein klares System einzugliedern, und bevorzugt eine gewisse Ordnung in seinem Dasein. Als nüchterner Realist neigt er wenig zum Träumen und geht meist sehr sicher auf seine Ziele zu. Selten läßt er sich von seinen Emotionen mitreißen, wenn es darum geht, eine Entscheidung zu treffen.

Die Kopflinie schwingt nach unten aus:
Phantasie und ein hohes Maß an Idealismus kennzeichnen einen Menschen mit dieser Kopflinie. Sein Denken wird kaum von rationalen Gesichtspunkten gesteuert, denn seine Kopflinie reicht in den Palast des Himmels hinein, der Intuition, Einfühlungsvermögen und Sensibilität symbolisiert. Je stärker sie nach unten ausschwingt, desto weniger können die Impulse, die aus dem unbewußten Teil der Hand empordringen, in der realen Welt umgesetzt werden.

Die Kopflinie fällt extrem ab:
Hier ist ein Charakter gezeichnet, der die Bilder, die aus dem Unterbewußtsein empordringen, nicht verarbeiten kann. Die Kopflinie markiert hier keine Grenze zum Bewußtsein – ein Charakter dieser Linienzeichnung bleibt praktisch dieser „Unterwelt" verhaftet. Es fällt ihm sehr schwer, sich den Anforderungen der Welt zu stellen. Oft sind Depressionen die Folge.

Die Kopflinie beginnt mit der Lebenslinie:
In den meisten Fällen verläuft der Ursprung der Kopflinie mit dem der Lebenslinie zusammen. Im allgemeinen spricht das für eine vitale Gesamtverfassung und für die Fähigkeit, verantwortungsvoll und bewußt zu handeln. Die Energie, die zur Verfügung steht, kann genutzt werden. Selbständige Denkprozesse geben dem Dasein eine eigene Richtung.

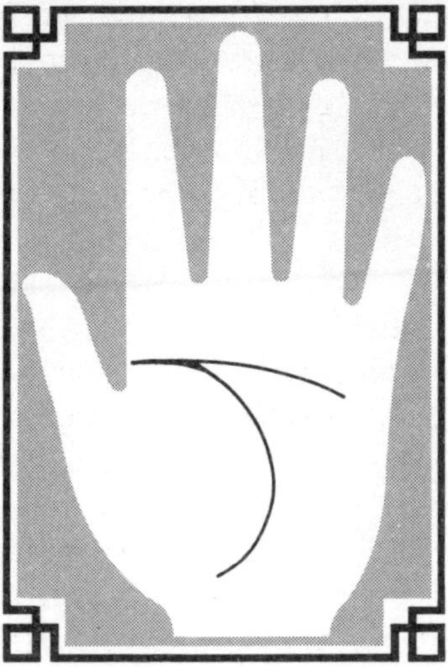

Kopflinie mit Lebenslinie

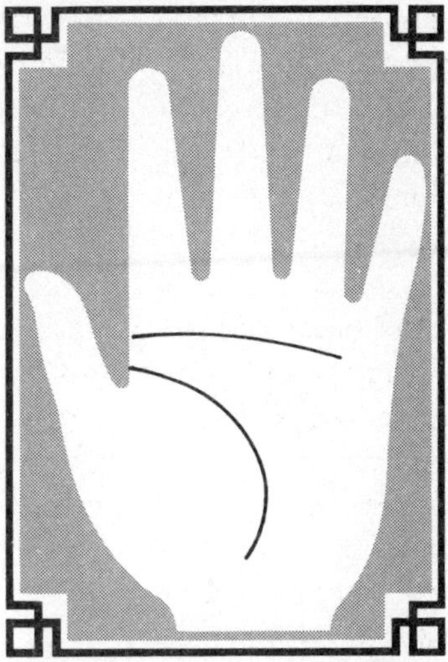

Breiter Abstand zwischen Kopf- und Lebenslinie

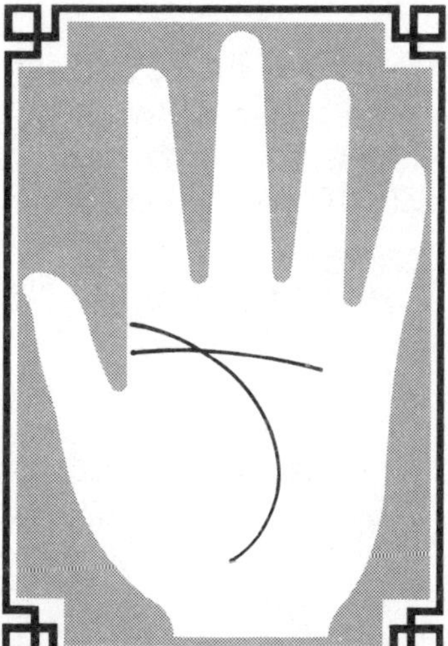

Kopf- und Lebenslinie kreuzen einander

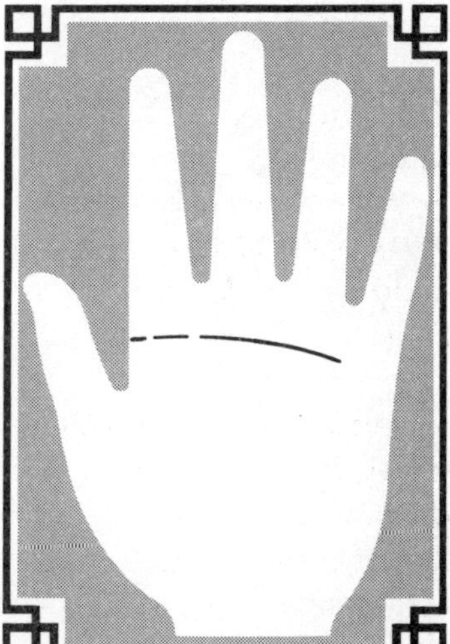

Kopflinie am Anfang durchbrochen

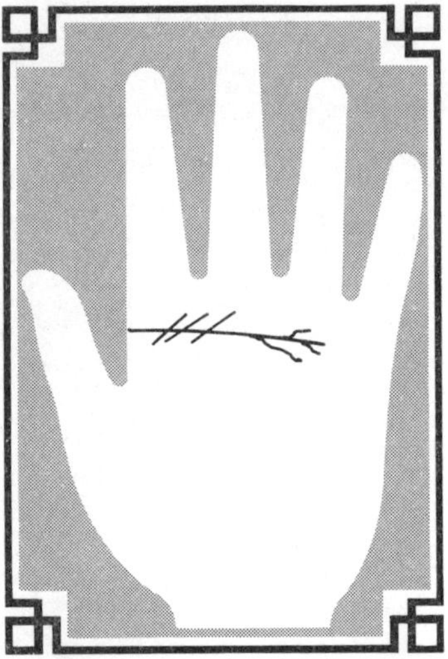
Kopflinie mit Quer- und Wellenlinien

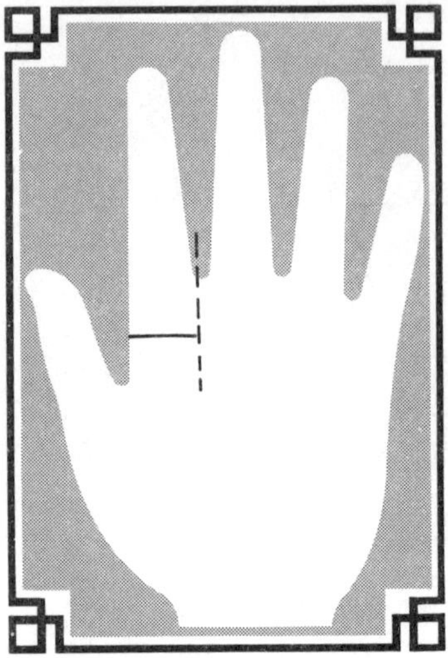
Kurze Kopflinie, endet zwischen Mittel- und Zeigefinger

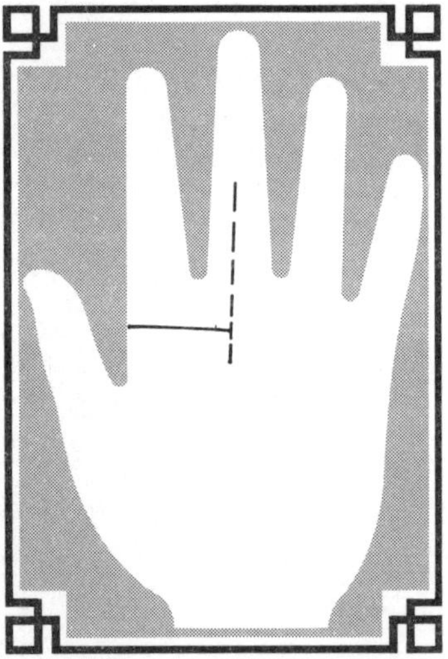
Kopflinie endet unter dem Palast der Trennungen

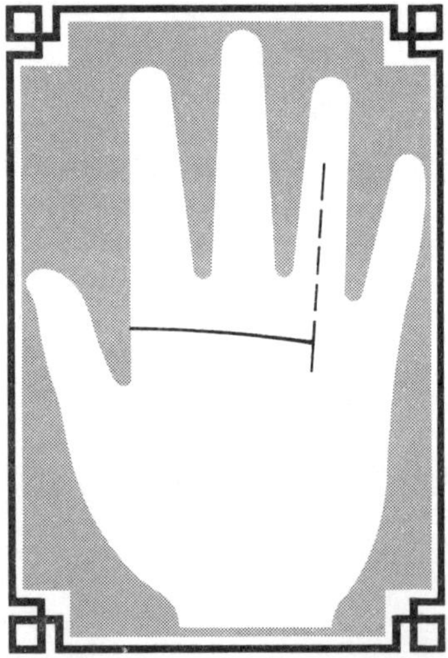
Kopflinie endet unter dem Ringfinger

Die Kopflinie verläuft über den Ursprung hinaus mit der Lebenslinie zusammen:
Dieser Verlauf steht für Minderwertigkeitsgefühl, mangelnde Selbstachtung, für die Unfähigkeit, selbständige Entscheidungen zu fällen. Ein Charakter mit dieser Kopflinie braucht oft ungewöhnlich lange, ehe er sich für einen Schritt entscheidet. Alles geschieht zögernd, unsicher, verhalten. Überdies wirkt er meist ungemein verschlossen.

Zwischen Kopf- und Lebenslinie besteht ein breiter Zwischenraum:
Impulsivität und Entschlußkraft kennzeichnen diesen Charakter, aber meist fehlt es an der notwendigen Disziplin, einmal begonnene Vorhaben auch durchzuziehen. Leichtsinn und ein etwas irrationales Verhältnis zu den Notwendigkeiten des Alltags sind hier zu verzeichnen. Auch wirken diese Menschen in ihrem Verhalten viel zu offen, fast ohne Grenzen.

Die Kopflinie kreuzt die Lebenslinie:
Ein leichter Hang zur Sentimentalität kann hier beobachtet werden. Es fällt schwer, sich von der Vergangenheit zu lösen, einen Strich zu ziehen und sich der Gegenwart und ihren Erfordernissen zuzuwenden. Auch Unstetigkeiten und Mangel an Durchsetzungskraft kennzeichnen den Charakter mit dieser Zeichnung. Ständig drängen hier neue Impulse nach Verwirklichung – wobei es sich um Hirngespinste handelt.

Die Kopflinie ist zu Beginn durchbrochen:
Hier herrscht ein Mangel an Auseinandersetzungsvermögen mit der Realität vor. Entschlüsse werden zwar immer wieder von neuem gefaßt, doch werden sie gleichsam immer wieder durchbrochen. Die Impulse werden nicht verwirklicht, weil sie nicht wirklich aufgenommen werden.

Die Kopflinie wird an ihrem Anfang von kleinen Quer- und Wellenlinien durchschnitten:
Menschen mit dieser Zeichnung hatten es im allgemeinen in der Kindheit und Jugend besonders schwer und entwickeln sich in der Regel zu sehr schwierigen Persönlichkeiten. Der Umgang mit anderen fällt ihnen nicht leicht, sie sind oft reizbar und launisch.

Die Kopflinie ist sehr kurz, endet zwischen Zeige- und Mittelfinger:
Dieser Charakter muß meist ungewöhnlich hart arbeiten, um im Leben voranzukommen. Das Glück fällt ihm nicht in den Schoß, er benötigt harte Anforderungen, um die notwendige innere Motivation zu entfalten. Seine Interessen werden in der Hauptsache vom Materiellen geprägt. Oft besitzt er große körperliche Reserven, die es ihm ermöglichen, starken Herausforderungen zu begegnen.

Die Kopflinie endet unterhalb des Palasts der Trennungen:
Hier besteht die Neigung, zu hohe Ansprüche an sich selbst zu stellen. Erschöpfungszustände und Nervosität sind oft die Folge. Auch ist die Haltung anderen gegenüber egozentrisch und wenig einfühlsam.

Die Kopflinie endet unter dem Ringfinger:
Eine Endung unterhalb dieses Fingers bedeutet, daß wenig Unterstützung von außen gegeben wird, wenn jemand seine Ziele verwirklichen möchte. Er ist meist ganz auf sich allein gestellt und hat insbesondere in seiner Jugend oft unter harten Entbehrungen gelitten. Im allgemeinen kommen solche Menschen dann vorwärts, wenn sie ihr Schicksal als gegeben akzeptieren.

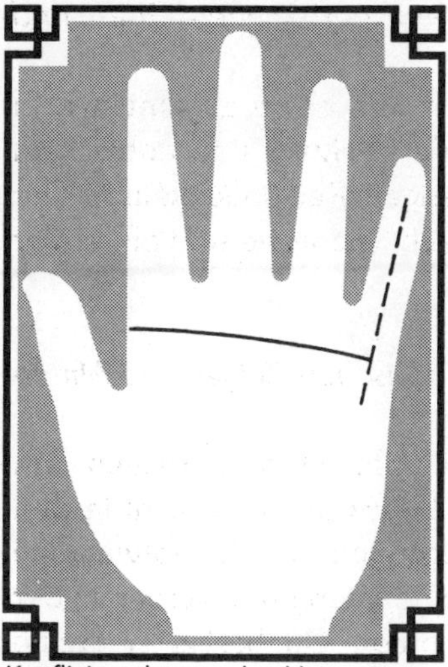

Kopflinie endet unter dem kleinen Finger

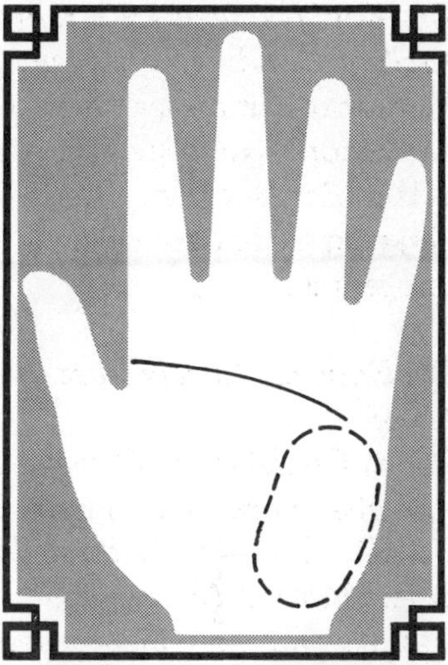

Kopflinie endet über dem Palast des Himmelsvaters

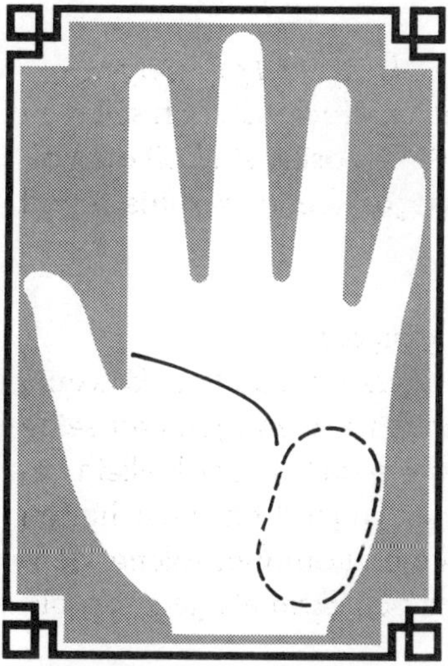

Kopflinie endet unter dem Palast des Himmelsvaters

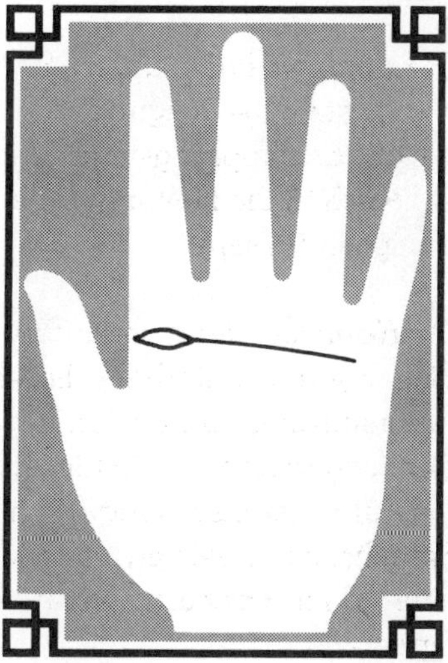

Kopflinie beginnt mit Insel

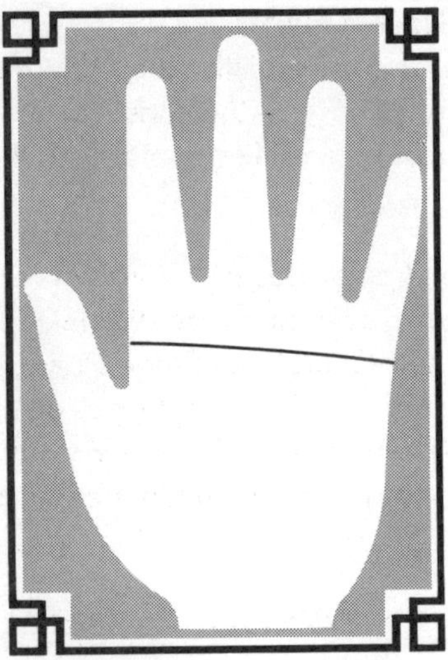

Kopflinie führt von Handkante zu Handkante

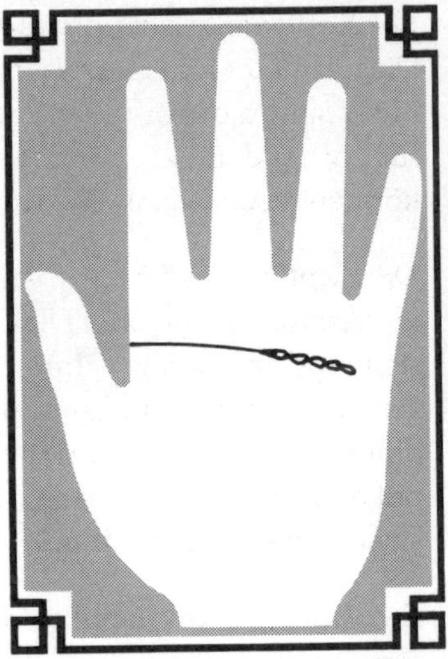

Kopflinie mit gekettetem Ende

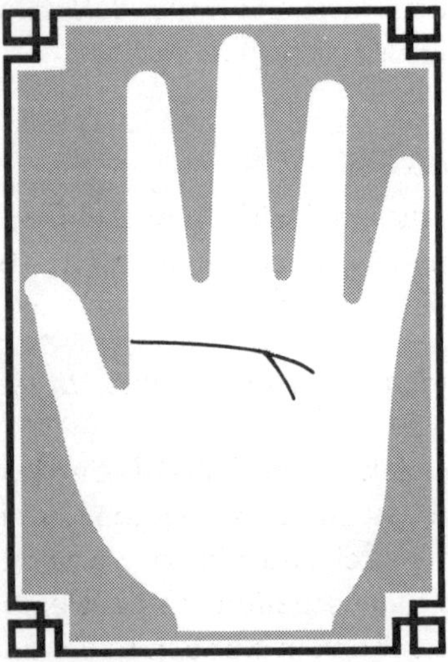

Kopflinie endet in Gabel

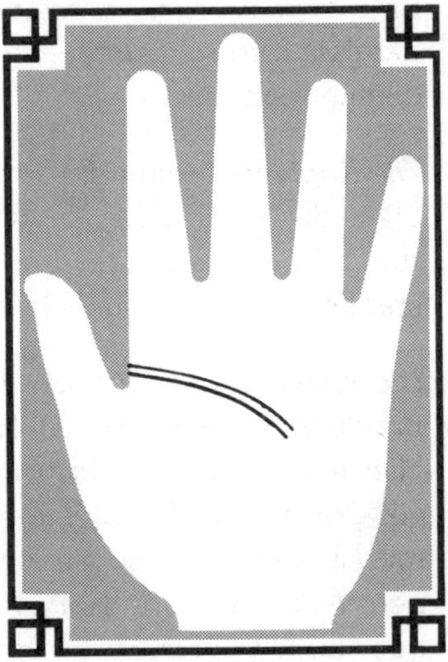

Doppelte Kopflinie

Die Kopflinie endet unter dem kleinen Finger:
Dies spricht für Gewandtheit und Flexibilität im Denken. Meist sind die Voraussetzungen für einen künstlerischen Beruf vorhanden, vor allem im literarischen Bereich. Eindrücke können rasch verarbeitet werden.

Die Kopflinie endet oberhalb des Palasts des Himmelsvaters:
Idealismus, Hang zum Träumen, aber auch poetische Gestaltungskraft kennzeichnen diesen Charakter. Seine Phantasien setzt er meist in Lyrik oder Musik um. Schafft er es allerdings nicht, diesen inneren Bildern Ausdruck zu verleihen, hat er als realitätsferner Schwärmer meist wenig Chancen, im Leben vorwärtszukommen.

Die Kopflinie endet unterhalb des Palasts des Himmelsvaters:
Hier ist die Gefahr selbstzerstörerischen Denkens angezeigt. Eine negative Grundhaltung zum Dasein bewirkt, daß Hindernisse und schwierige Verhältnisse nicht überwunden werden können.

Die Kopflinie beginnt mit einer Insel:
Liegt die Insel links, so weist dies auf eine erbliche Belastung durch die mütterliche Linie hin. Rechts kann eine Erbkrankheit aus der väterlichen Linie vorliegen.

Die Kopflinie verläuft von Handkante zu Handkante, trennt praktisch die Hand in zwei Hälften:
Hier existiert der Mensch ausschließlich im Bereich der Logik. Neigung zu Wortklaubereien, zu sinnloser Beschäftigung mit Abstraktionen sowie Rechthaberei sind hier zu verzeichnen. Auch Geiz und Kalkül sind Eigenschaften solcher Personen. Ihr Dasein ist in der Hauptsache vom Streben nach materiellen Gütern gekennzeichnet.

Die Endung ist gekettet:
Die Kette spricht für Begeisterungsfähigkeit, für ein hohes Maß an Impulsivität. Manchmal kommt es aber zu Gedächtnisschwierigkeiten, da sich Menschen mit dieser Linienzeichnung gerne verzetteln.

Die Endung ist gegabelt:
Hier fehlt es am Durchsetzungsvermögen. Vor allem, da auf beruflicher Ebene meist zu viele Möglichkeiten durchgespielt werden, was einen Mangel an wirklicher Intensität zur Folge hat. Ziele werden nicht geradlinig verfolgt.

Die Kopflinie ist doppelt:
Hier handelt es sich im wahrsten Sinne des Wortes um eine Doppelnatur.. Einerseits verfügt dieser Charakter über blendende intellektuelle Fähigkeiten, kann sozusagen zweigleisig denken, andererseits hat er einen bedenklichen Hang zu Suchtmitteln aller Art, Abhängigkeit von Drogen kann hier zu einem raschen Verfall der geistigen Potenz führen.

Die Kreativitätskurve

Diese Linie beginnt normalerweise auf oder neben dem Palast des Windes und beschreibt einen Halbmond, der auf dem Palast der Erde endet. Das abgeschlossene Gebiet, das diese Kurve beschreibt und das nicht in jeder Hand zu finden ist, nennt man aus diesem Grund auch Insel.

Die Chinesen bezeichnen diesen halbkreisförmigen, abgeschlossenen Bereich auch als Auge des Windes. Die Vorstellung, die man dabei hat, bezieht sich auf die unerschöpfliche, aber noch im Bereich des Chaos liegende Kraftquelle, die Menschen mit diesem Bogen zur Verfügung steht. Die vitalen Kräfte und Energien, die ein Charakter mit dieser Linie besitzt, müssen erst noch gerichtet, einem überpersönlichen Ziel angeglichen werden. Bildlich gesprochen handelt es sich hier tatsächlich um eine Insel, die als Landschaft eine Fülle der Möglichkeiten bietet, die aber bepflanzt, bewässert, gehegt und gepflegt werden muß. Denn die Möglichkeit der Verwüstung ist hier ebenso gegeben wie die der Überwucherung. Die sinnliche Potenz, die das Auge des Windes offenbart, braucht eine starke Führung, eine Kontrollinstanz, damit sich das Schöpferische an der richtigen Stelle entlädt.

Der Inselcharakter dieses Handbereichs verdeutlicht sehr klar, daß die Kraft sich weniger auf die irdische, materielle Welt beziehen will, sondern mehr nach Verfeinerung, nach dem Immateriellen verlangt. Menschen mit diesem Halbmond haben also das Bedürfnis nach Versinnlichung, nach der geistigen Umsetzung ihrer Energie. Wenn das nicht ge-

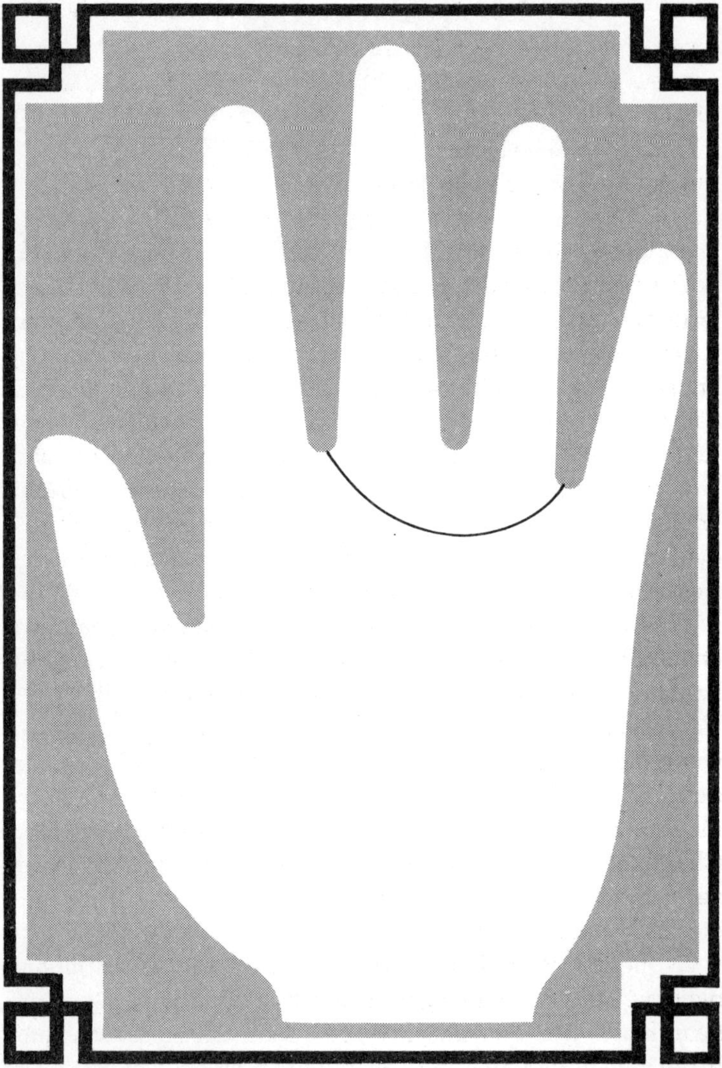

Die Kreativitätskurve

schieht, kann es leicht zu Besessenheiten kommen, zum ständigen Gefühl der Unerfülltheit. Die Kraft bezieht sich dann zu sehr auf die Umwelt, was leicht zu übersteigerten Erwartungen führt, zu Wünschen, die im Grunde völlig irreal sind.

In der Tendenz besteht bei einem Charakter, der eine völlig durchgehende Schöpfungskurve hat, immer die Neigung, sich in einer Art Tunnel hermetisch abzuriegeln. Er ist sozusagen Herr der Insel, ein Robinson, der seine Idealwelt schafft.

Die Abgrenzung durch zwei oder drei Linien verstärkt diese Grundhaltung. Das Bedürfnis, sich zu verschließen, führt andererseits zu einer starken Unruhe, zu einem Gefühl des Unerlöstseins. Die Kraftquelle, die Leidenschaft kann sich hier nicht richtig entfalten. Einerseits hat ein Charakter mit dieser Linie den starken Drang, an alten Gewohnheiten festzuhalten. Andererseits verlangt diese Kraft nach Umsetzung und bricht dann manchmal mit Gewalt durch. Schamloses Verlangen, plötzliche Fahrlässigkeit, Vergnügungssucht, aber auch Besitzgier können dann die Konsequenz sein.

Wenn die Schöpfungskurve in vielen kleinen, durchbrochenen Strichen die Hand durchzieht, aber noch als Linie erkennbar ist, handelt es sich um eine extrem leidenschaftliche Veranlagung. Das Anlehnungsbedürfnis ist übermäßig stark, wenn diese Veranlagung nur auf der Ebene gelebt wird, die sich auf die Umwelt bezieht. Liebesbeziehungen, die diese Menschen eingehen, haben dann oft einen verhängnisvollen Charakter. Nur wenn das Verlangen und die Kraft gesteuert, verfeinert werden, besteht die Möglichkeit einer Umwandlung dieser Energie.

Die besten Möglichkeiten zur Umwandlung dieser Energie hat ein Charakter mit langem Daumen und sehr klar gezeichneter Kopflinie. Die Affekte werden dann durch die Vernunft (Kopflinie) gesteuert, aber auch durch einen festen Willen (Daumen) unter Kontrolle gehalten.

Zeitliche Bestimmung eines Ereignisses

Lebenslinie:
Die Zeitbestimmung der drei Hauptlinien spielt für die Handdeutung eine wichtige Rolle, da bestimmte Ereignisse sehr unterschiedlich gedeutet werden müssen, je nachdem, in welchen Zeitabschnitt des Lebens sie fallen. In der Handlesekunst gibt es viele verschiedene Möglichkeiten, die Ereignisse zu berechnen. Ich möchte Ihnen hier die fernöstliche Methode erklären.

Man denkt sich die Lebenslinie als durchgehenden Kreisbogen, der seinen Beginn zwischen Daumen und Zeigefinger nimmt und von dort aus in vier verschiedene Segmente unterteilt wird. Jedes Segment symbolisiert fünfundzwanzig Lebensjahre, denn in der chinesischen Philosophie rechnet man hundert Jahre bis zur Vollendung des Lebens. Die vier Abschnitte haben die folgenden Bedeutungen: Sprößling, Jugend, Mittelalter des Lebens und Weisheit.

Die Länge der Linie sollte in keinem Fall die Länge des Lebens bestimmen. Dazu gehören alle Erkenntnisse aus der gesamten Hand. Entscheidend ist auch nicht, wie lange man lebt, sondern wie intensiv. Wichtig ist ferner, daß man in seinem Leben die richtigen Aufgaben erkennt und die Möglichkeiten, sein Leben bewußt zu gestalten.

Herzlinie:
Im Gegensatz zur Lebenslinie wird die Herzlinie in drei verschiedene Abschnitte unterteilt – jeder Abschnitt umfaßt fünf-

undzwanzig Jahre, also insgesamt fünfundsiebzig Jahre. Das erste Segment endet zwischen dem kleinen Finger und dem Ringfinger, das zweite zwischen dem Ring- und dem Mittelfinger und das dritte zwischen dem Mittel- und dem Zeigefinger.

Kopflinie:
Die Kopflinie wird ebenfalls in drei Segmente unterteilt, nur diesmal vom Zeigefinger her. Das heißt, der erste Abschnitt endet zwischen Zeige- und Mittelfinger, der zweite zwischen Mittel- und Ringfinger und der dritte zwischen Ring- und kleinem Finger.

Jadesäule:
Die Jadesäule (genauere Beschreibung im folgenden Kapitel) wird vom Handgelenk aus nach oben berechnet. Wo sie die Kopflinie kreuzt, endet der erste Abschnitt von fünfundzwanzig Jahren. Der Kreuzungspunkt mit der Herzlinie kennzeichnet den zweiten Abschnitt, und der dritte und letzte Abschnitt führt zum Mittelfinger.

Sonnenlinie:
Das erste Segment der Sonnenlinie, die ebenfalls im folgenden Kapitel besprochen wird, endet am Kreuzungspunkt mit der Kopflinie, das zweite am Kreuzungspunkt mit der Herzlinie, und das dritte verläuft bis zum Ringfinger.

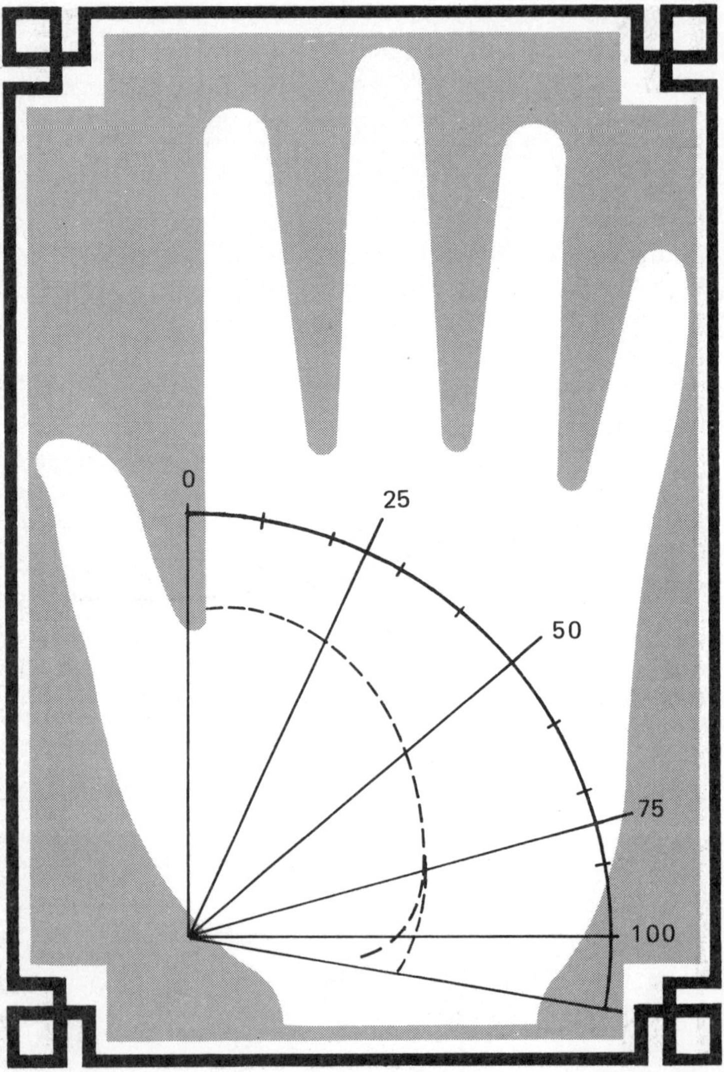

Berechnung der Zeitperioden
auf der Lebenslinie

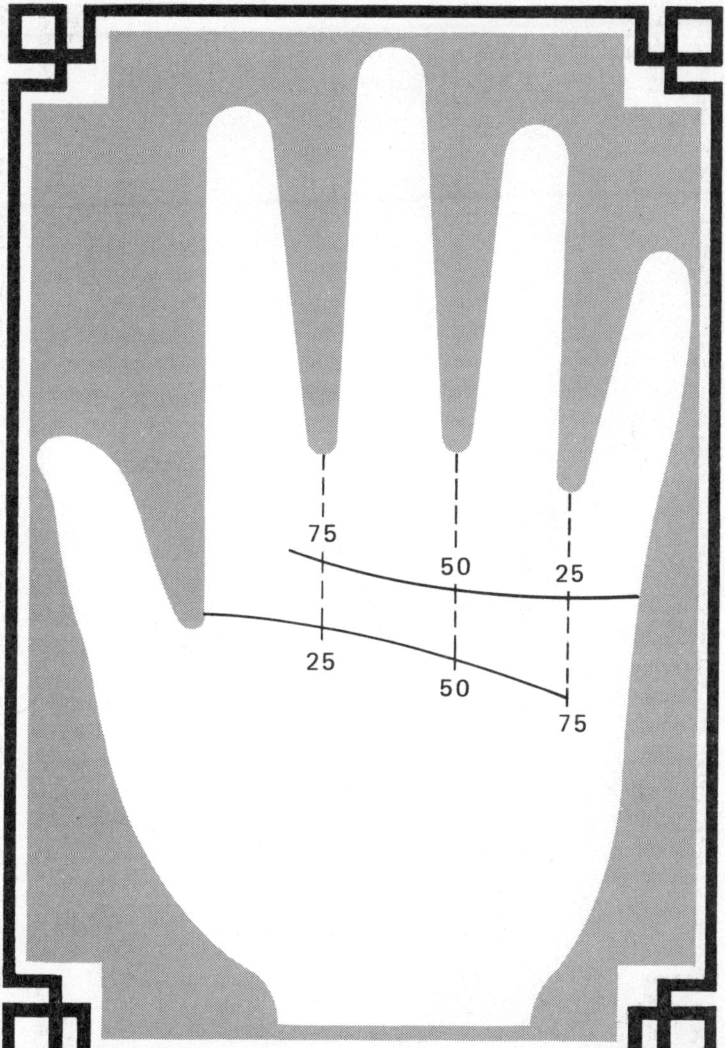

Berechnung der Zeitperioden
auf der Herz- und der Kopflinie

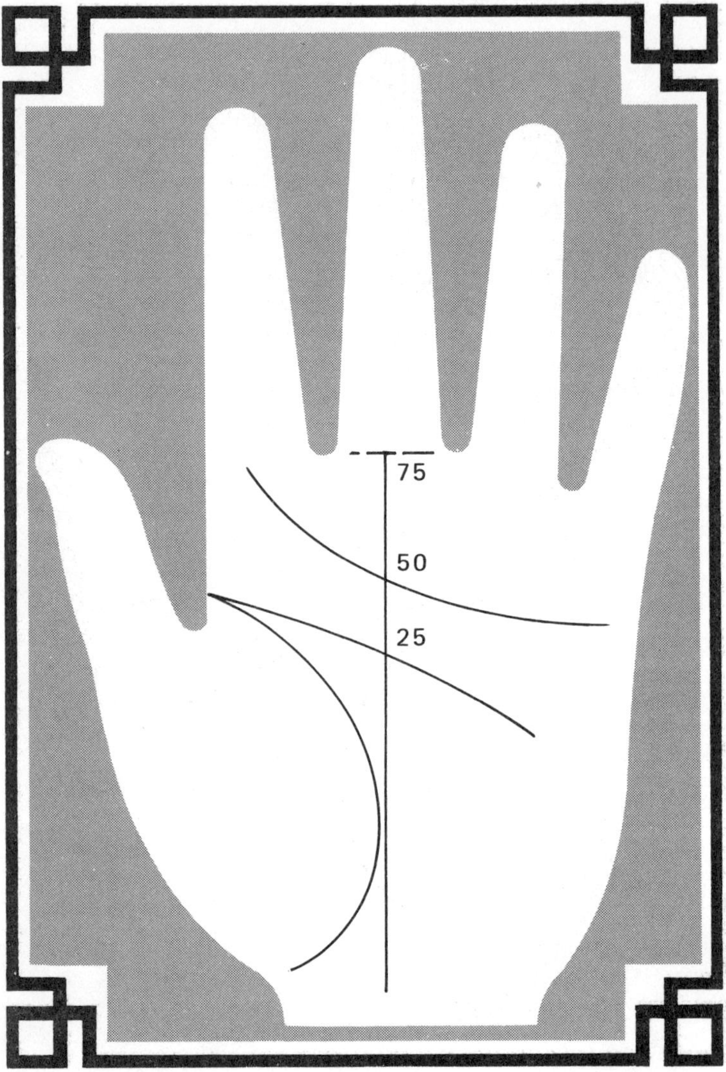

Berechnung der Zeitperioden
auf der Jadesäule

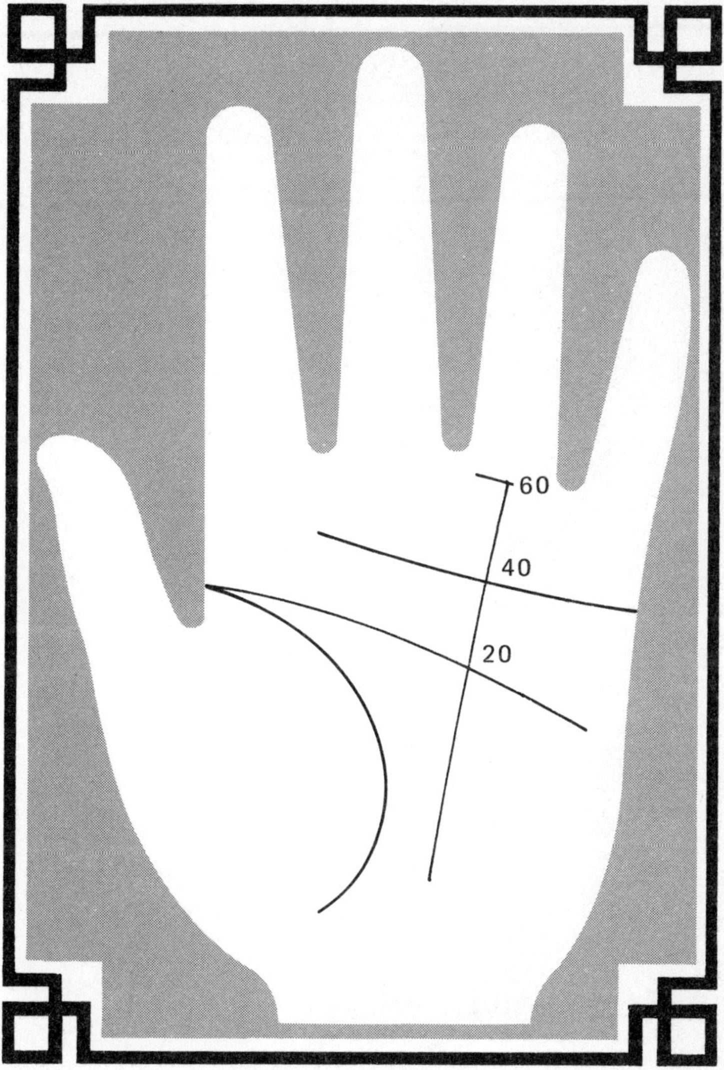

Berechnung der Zeitperioden
auf der Sonnenlinie

Die Deutung der Nebenlinien

Die Säule aus Jade oder Schicksalslinie

Bedeutung

Die Jadesäule durchzieht in einer langen Senkrechten die Handinnenfläche. Sie beginnt normalerweise in der Mitte der Handwurzel und endet unterhalb des Mittelfingers (Palast der Trennungen). In ihrem Verlauf spaltet sie praktisch die Hand in einen Ich- und einen Du-Bereich.

In China wird diese Linie als eine Art Barometer verstanden, das mit seiner Quecksilbersäule unser mehr oder weniger wechselvolles Geschick anzeigt. Sich ständig verändernd, dokumentiert sie unseren Lebensweg, seine Höhen und Tiefen, die Auseinandersetzung unseres Ichs mit der Umwelt. Auch Herkunft, soziales Milieu, Kindheitsprägungen drücken sich in dieser Linie aus. In ihrem weiteren Verlauf gibt sie Hinweise auf unser spezifisches Feld der Auseinandersetzung.

Die eigene Notwendigkeit prallt auf das Gesetz der äußeren Realität, und je größer diese Gegensatzspannung ist, desto dramatischer wird sich unser Schicksal gestalten. An Brüchen und Verästelungen erkennt man Hindernisse und Störungen, die sich letztlich aber als Chance, als Wendung zum Positiven herausstellen können. Der Weg, den der einzelne zu gehen hat, mit all seinen Wirrnissen, seinen Irrtümern, seinen Leiden und letztlich mit deren Überwindung, ist der Verbindungsstrahl am Himmel, eine Art Antenne zum Ewigen – so glauben es zumindest die Chinesen.

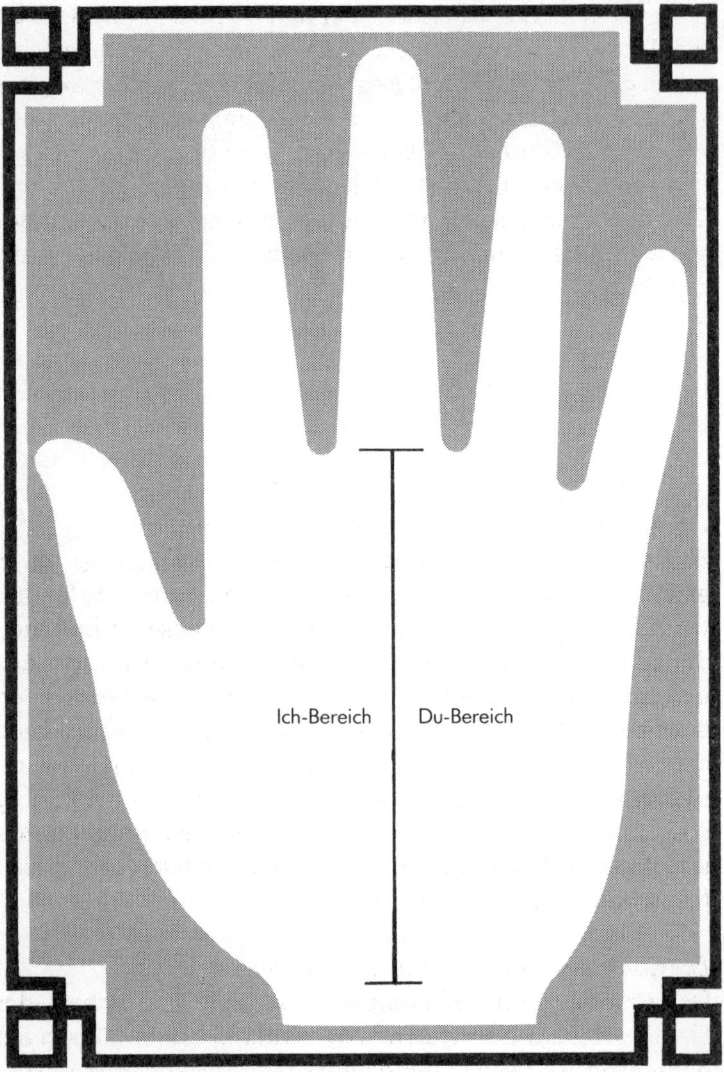

Jadesäule

Bevor nun die einzelnen Varianten dieser Linie erörtert werden, sei vorausgeschickt, daß es nur sehr wenige Menschen gibt, die eine bruchlose, klar geschnittene Jadesäule besitzen. Fast ebenso selten ist die völlig fehlende Schicksalslinie. Solche Menschen haben schlicht kein Geschick – ihr Leben verläuft in ruhigen Bahnen, ohne besondere Höhen und Tiefen, eingebettet in einen Zusammenhang, der nie in Frage gestellt werden muß. Es gibt hier wenig zu bewältigen, wenig zu erfahren.

Varianten

Die Säule aus Jade beginnt in der Lebenslinie:
Hier ist ein Charakter gezeichnet, dessen Entfaltung durch eine zu feste Verwurzelung in der eigenen Familie behindert wird. Die Fessel der Herkunft bremst ihn in eigenen Entscheidungen. Immer wieder sucht er die Bindung nach rückwärts und scheut sich vor dem Schritt nach vorn. Diese Fessel kann nur unter größten Mühen abgestreift werden. Im Verlauf seines Lebens wird er immer wieder in die alte Abhängigkeit zurückfallen. Wahrscheinlich erfolgt eine endgültige Ablösung erst im hohen Alter. Auch der Erfolg wird sich dann einstellen. Doch fällt der Prozeß des Erwachsenwerdens diesen Menschen ausgesprochen schwer.

Die Säule aus Jade beginnt im Jadearmband:
Der Ursprung am Jadearmband, das direkt unterhalb der Handwurzel am Handgelenk liegt, wirkt sich sehr günstig auf den Lebensweg eines Menschen aus. Selbständig, vorwärtsgerichtet und bereit, sich mit den Forderungen des Lebens

konstruktiv auseinanderzusetzen, gestaltet dieser Charakter sein Dasein unbeeinflußt durch Diktate von außen. Er versteht sich als eigenständige Persönlichkeit und weiß sich in den meisten Fällen selbst zu helfen. Da das Jadearmband als Gesundheitslinie gilt, wird dieser Charakter mit Sicherheit eine äußerst stabile physische Konstitution haben.

Die Säule aus Jade beginnt auf dem Palast der Felder:
Hier ist der Lebensweg eines Menschen vorgezeichnet, der hauptsächlich seinen erotischen Impulsen Ausdruck verleiht. Unter Umständen kann sich dies auch als sehr belastend erweisen, wenn diese Veranlagung zu einer Art Besessenheit ausartet. Ständige Unruhe und Getriebensein, auch häufige Enttäuschungen sind das Ergebnis.

Die Säule aus Jade beginnt im Palast des Himmelsvaters:
Starke Bindungsangst, häufiger Berufs- und Ortswechsel sind die hervorstechendsten Merkmale bei Menschen mit dieser Schicksalslinie. Fernweh und Unruhe beherrschen diesen Charakter, und es fällt ihm schwer, sich dauerhaft auf etwas einzulassen. Auf ständigen Reisen flüchtet er vor einer Realität, die für ihn beengend und bedrohlich ist. Beruflicher Erfolg hängt hier stark davon ab, ob er ein entsprechendes Arbeitsfeld findet.

Die Säule aus Jade beginnt unterhalb vom Palast des Himmelsvaters und reicht bis zum Palast der Trennungen:
Mediale Fähigkeiten sind in einer Hand mit diesem Linienverlauf angelegt. Der Berufung zum Heiler, zum Arzt oder zum Psychotherapeuten wird meistens gefolgt. Aber auch die Sehnsucht nach fernen Ländern wird stark empfunden, der Wunsch, in einem völlig fremden Umfeld zu arbeiten und zu leben. Die Verwurzelung im Heimatland geht nicht sehr tief.

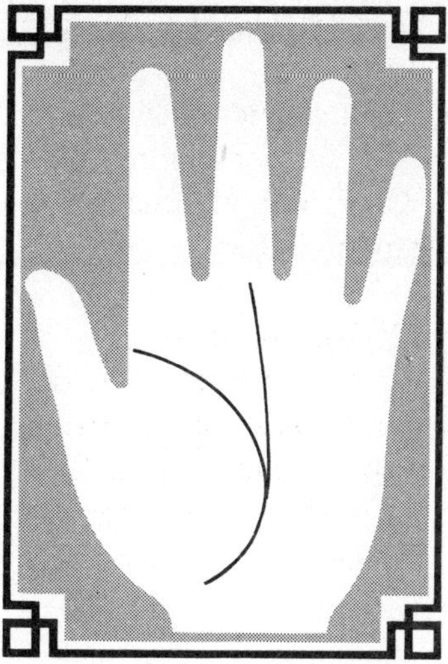

Jadesäule beginnt in der Lebenslinie

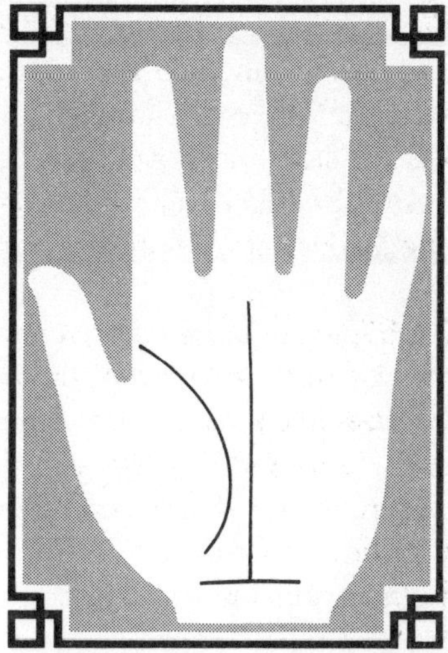

Jadesäule beginnt im Jadearmband

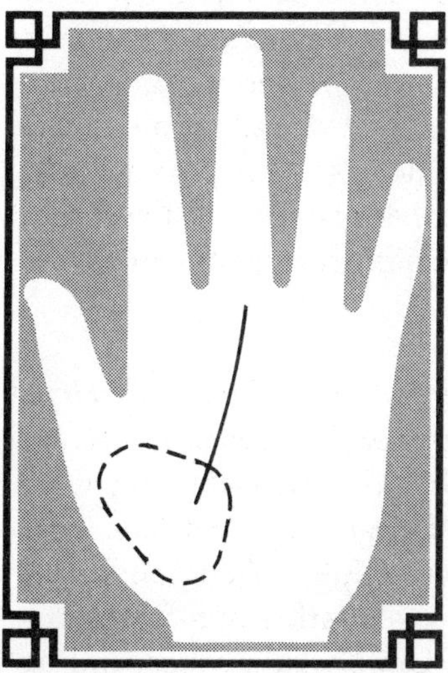

Jadesäule beginnt im Palast der Felder

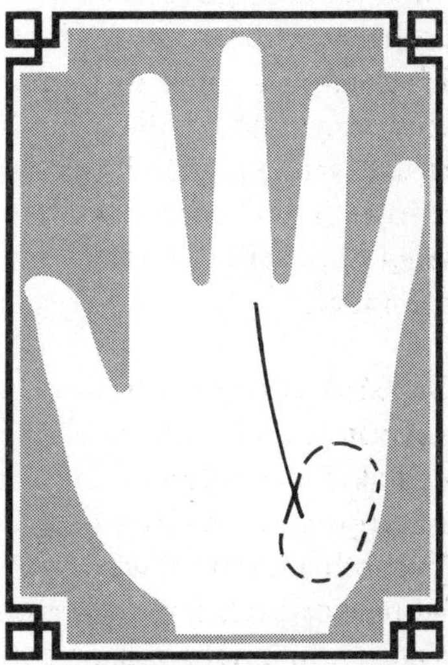

Jadesäule beginnt im Palast
des Himmelsvaters

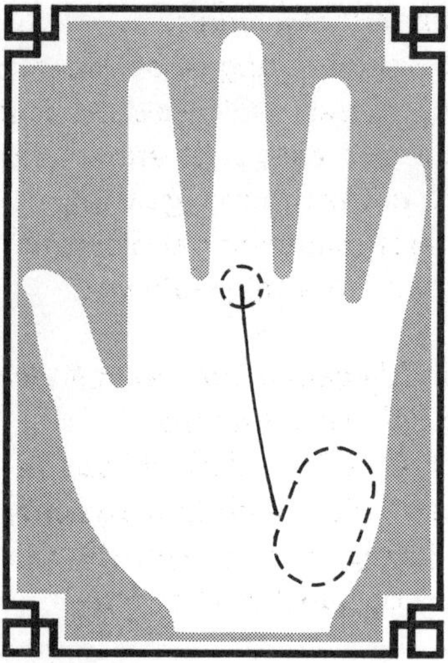

Jadesäule verläuft vom Palast des Himmelsvaters zum Palast der Trennungen

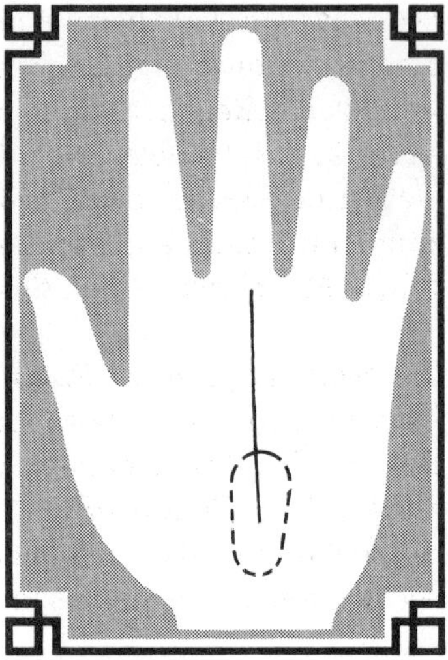

Jadesäule beginnt im Palast des Gebirges

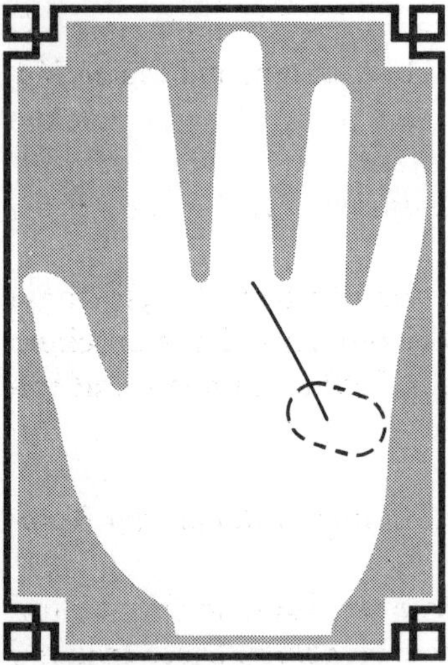

Jadesäule verläuft vom Palast der Ehegatten zum Palast des Windes

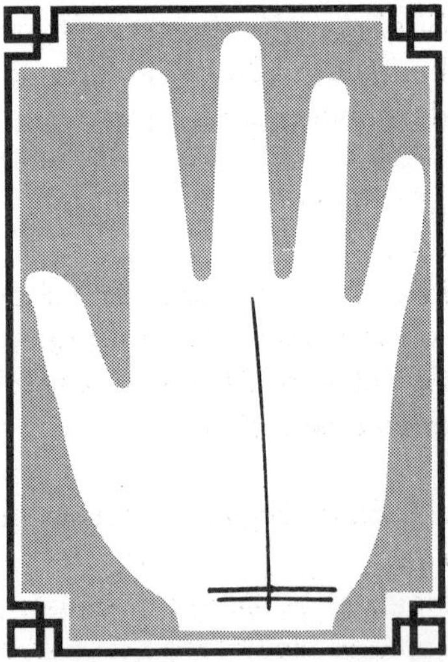

Jadesäule durchschneidet das Jadearmband

Die Säule aus Jade beginnt im Palast des Gebirges:
Ständiger Kampf um Erfolg und Anerkennung ist bei diesem Verlauf die Regel. Menschen mit dieser Schicksalslinie fällt nichts in den Schoß, sie müssen sich alles hart erarbeiten. Meist sind sie für diese Mühsal entsprechend gewappnet, können mit einer anderen, leichteren Situation gar nicht umgehen. Manchmal wirken sie deshalb ein wenig verbittert.

Die Säule beginnt im Palast der Ehegatten und ist mit der Herzlinie verknotet. Sie endet im Palast des Windes:
Eine erfüllte Liebesbeziehung und stabile Verhältnisse erwarten einen Charakter mit dieser Linie. Auch in beruflicher Hinsicht besteht die Aussicht auf Erfolg. Kurz gesagt, alle Anzeichen deuten auf ein ausgesprochen günstiges Schicksal.

Der Anfang der Säule durchschneidet das Jadearmband:
In diesem Fall stehen die Zeichen nicht so günstig. Ärger und Streß vergällen diesem Typus oft die Freude am Leben. Er hat viele äußere Hindernisse zu überwinden, mit vielen Widerständen zu rechnen.

Die Säule beginnt nahe am Jadearmband und endet an der Herzlinie:
Hier muß mit unglücklichen Liebesgeschichten gerechnet werden. Auch Hemmungen und Komplexe auf erotischem Gebiet sind hier häufig Ursache für Enttäuschungen und unerfüllte Sehnsüchte.

Die Säule beginnt auf dem Armband und endet an der Kopflinie:
Häufige Fehleinschätzungen, Irrtümer, falsche Einstellungen sind die Ursache für den Mangel an Erfolg. Diese Haltung kann oft nur mühsam revidiert werden.

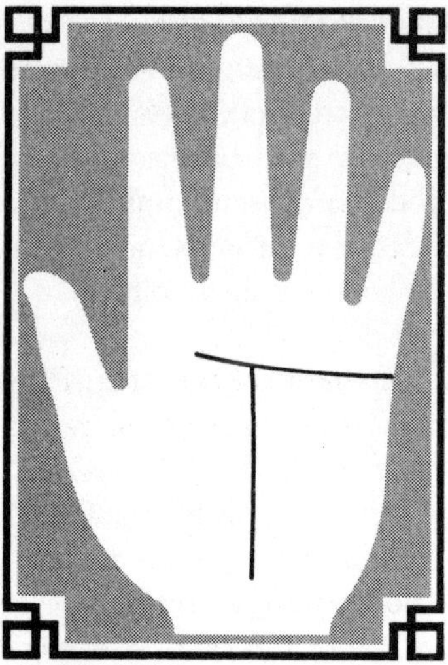

Jadesäule führt vom Jadearmband
zur Herzlinie

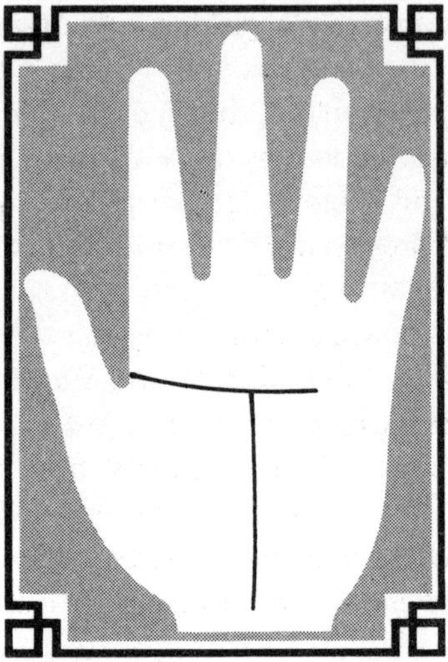

Jadesäule führt vom Jadearmband
zur Kopflinie

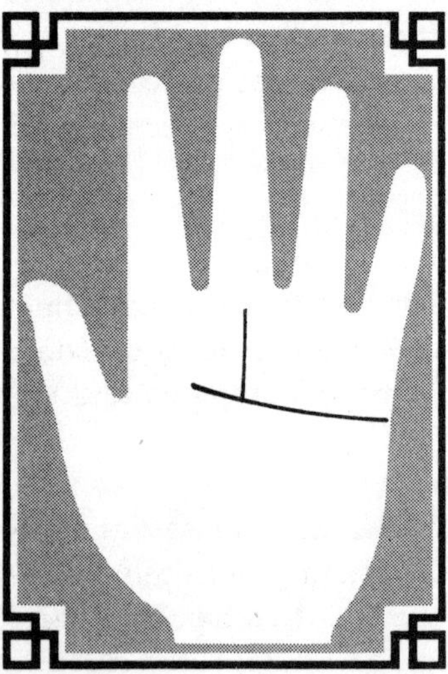

Jadesäule beginnt in der Herzlinie

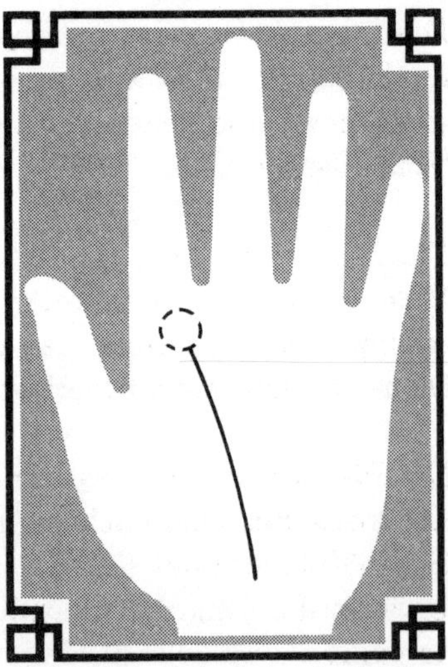

Jadesäule endet im Palast des Windes

Die Säule beginnt an der Herzlinie und führt aufwärts:
Hier wird es erst ab dem vierzigsten Lebensjahr etwas ruhiger zugehen. Vorher ist ein ständiger Wechsel zwischen Hochs und Tiefs die Regel. Dieser Charakter wird in mittleren Jahren von seinem Partner positiv beeinflußt und kann langsam die Freuden der Stille und Reife entdecken.

Die Säule endet im Palast des Windes:
Hier ist viel Erfolg und Wohlstand vorauszusagen. Trotz Protektion ist der Ehrgeiz gut entwickelt – Charaktere mit dieser Säulenbildung lassen sich nichts schenken.

Die Säule endet im Palast der Trennungen:
Hier ist der Berufsweg meist mit bodenständigen Interessen verknüpft. Landwirte, Architekten, auch Gärtner haben oft diesen Verlauf der Jadesäule.

Die Säule endet zwischen Zeige- und Mittelfinger:
Ein launisches Schicksal, so heißt es in China, erwartet Menschen mit dieser Säulenendung. Hier wechseln Erfolg und Mißerfolg ständig.

Die Säule endet zwischen Mittel- und Ringfinger:
Materielle Unsicherheit und geringer beruflicher Erfolg kennzeichnen das Schicksal, das dieser Verlauf beschreibt. Viele Dinge werden sehr unüberlegt in Angriff genommen.

Die Säule endet im Palast der Erde:
Künstlerisches Ausdrucksvermögen, unter Umständen auch Geschäftstüchtigkeit sind bei dieser Endung anzutreffen. Allerdings ist der Einsatz meist hoch, mit dem hier gespielt werden muß.

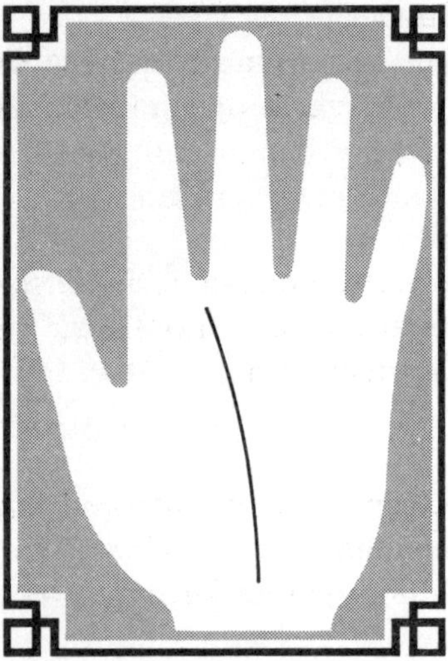
Jadesäule endet im Palast der Trennungen

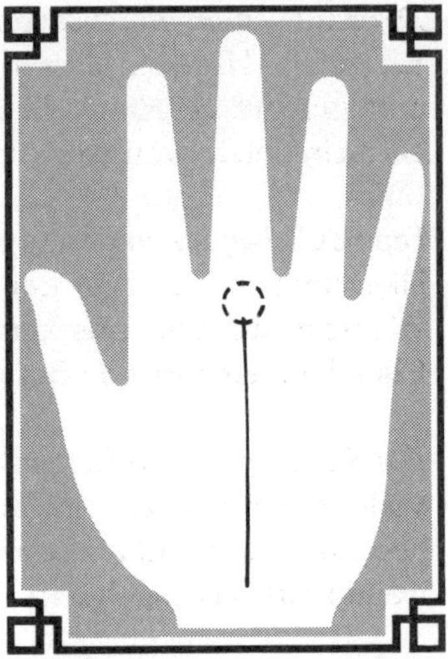
Jadesäule endet zwischen Zeige- und Mittelfinger

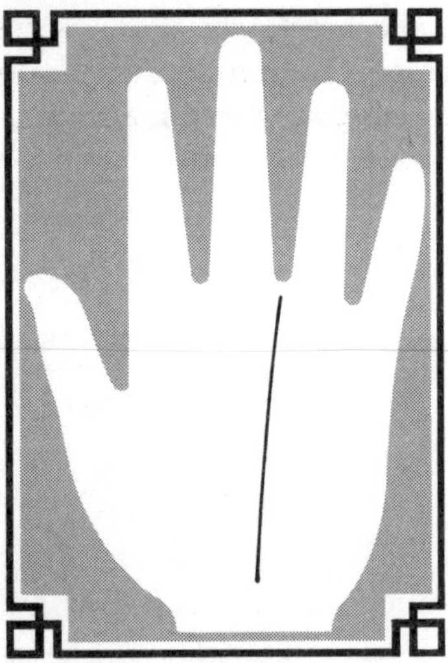
Jadesäule endet zwischen Mittel- und Ringfinger

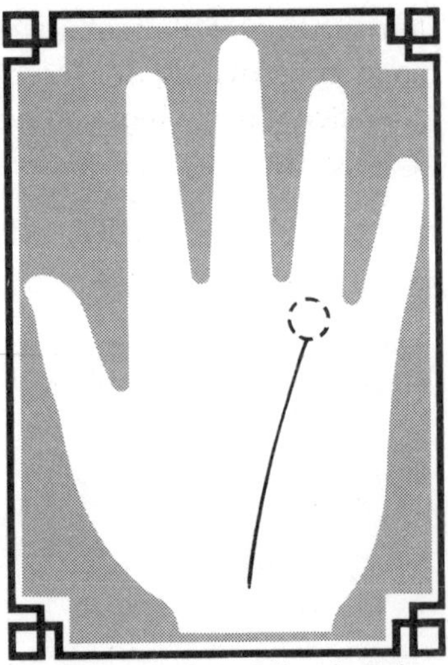
Jadesäule endet im Palast der Erde

Die Säule endet im Palast der Freude:
Erfolge in Handel, Wissenschaft und Industrie liegen hier praktisch auf der Hand. Größere Anstrengungen müssen dabei nicht unternommen werden.

Die Säule beginnt in der Kopflinie:
Hier können Irrtümer und Mißverständnisse nicht ausgeschlossen werden. Das kann sogar so weit führen, daß ein Charakter den falschen Berufsweg gewählt hat.

Die Säule kreuzt die Herzlinie:
Viele Möglichkeiten und Chancen werden aufgrund unüberlegter und hitziger Leidenschaften verspielt. Unbedachte Handlungsweisen gehören hier sozusagen zur Tagesordnung.

Die Säule ist häufig durchschnitten und unterbrochen:
Ein wechselvolles und unruhiges Schicksal ist hier anzutreffen. Jede Unterbrechung der Linie beschreibt einen plötzlichen Umschwung der Verhältnisse – ob zum Positiven oder Negativen, das hängt von den jeweiligen Symbolen ab.

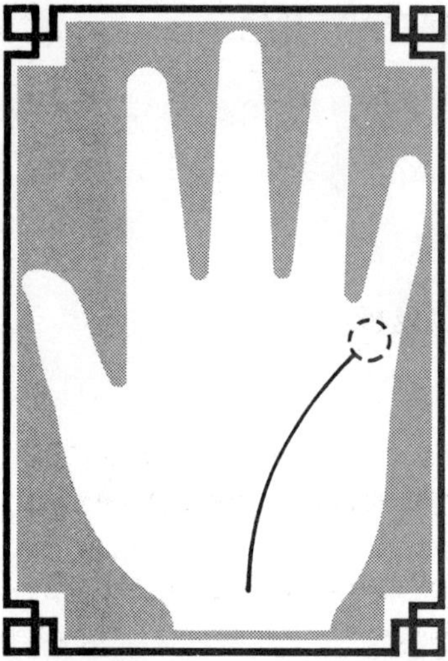

Jadesäule endet im Palast der Freude

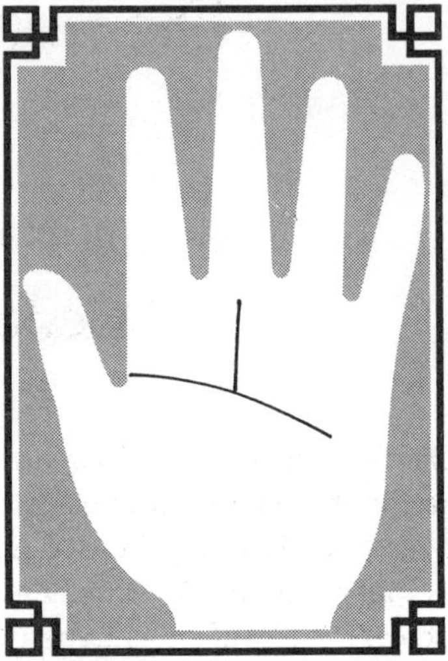

Jadesäule beginnt in der Kopflinie

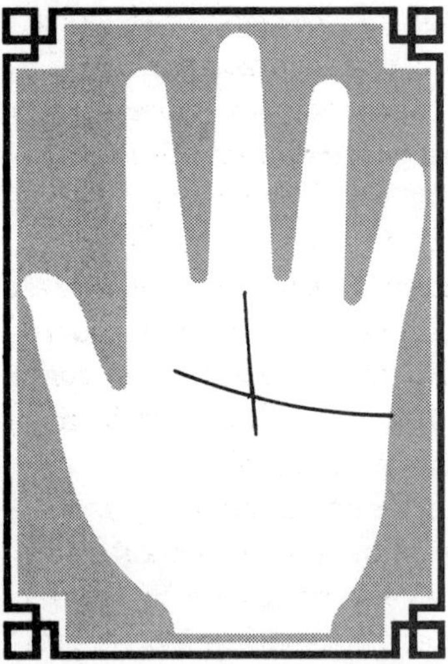

Jadesäule kreuzt die Herzlinie

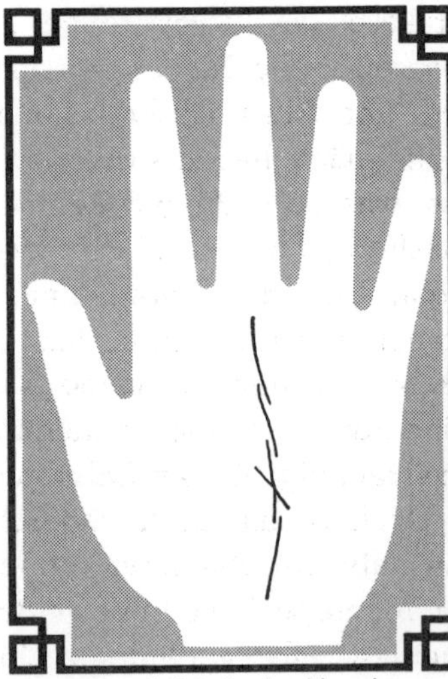

Jadesäule häufig durchbrochen

Die Sonnenlinie

Bedeutung

Die Sonnenlinie, in China auch als „Linie der Glücksfälle“ bezeichnet, beginnt nahe der Handwurzel oder in der Handmitte und verläuft zum Palast der Erde.

Diese Nebenlinie ist nicht in jeder Hand zu finden. Sie kann sich erst im Lauf eines Lebens entwickeln oder stärker herausbilden. Sie kann aber auch wieder verschwinden oder brüchig werden. Als parallele Begleiterin der Säule aus Jade ist sie praktisch ein stabilisierender Faktor, ein Zeichen, daß vor allem musische Neigungen reichlich Unterstützung durch Talent und Ausdruckskraft finden. Menschen mit einer langen Sonnenlinie haben sozusagen eine glückliche Hand, denn alles, was sie in Angriff nehmen, gelingt ihnen ohne größere Anstrengung. Sie können als begnadet bezeichnet werden, denn Tiefe der Empfindung, Phantasie und Ausdruckskraft stehen hier in einem äußerst harmonischen Verhältnis zueinander. Johann Wolfgang von Goethe beispielsweise hatte eine durchgehende Sonnenlinie. Die Fülle seines Werks mag die hier aufgeführten Behauptungen bestätigen.

Doch ist die undurchbrochene Sonnenlinie eine seltene Ausnahmeerscheinung und lediglich bei Genies vorzufinden, bei Menschen, die in besonderer Weise berufen sind. In den meisten Fällen verläuft die Linie der Glücksfälle nicht so günstig. Man kann aber davon ausgehen, daß immer dann, wenn sie sich kräftig in einer Hand herausbildet, besonders günstige Phasen beginnen, zumindest dann, wenn sie parallel zur Schicksalslinie verläuft.

Varianten

Die Sonnenlinie beginnt in der Lebenslinie:
Hier wird hart an der Karriere gearbeitet. Erfolge sind der Lohn für Anstrengungen, die ein Mensch ohne jede Hilfe von außen unternommen hat. Vetternwirtschaft und Klüngelei führen hier zu nichts.

Die Sonnenlinie beginnt im Armband:
Hochtalentierte, geniale Menschen besitzen diese Art der Linienzeichnung.

Die Sonnenlinie ist sehr lang:
Hier sorgt ein wohlhabendes und freundliches Kindheitsmilieu für Vergünstigungen durch das Schicksal. Es besteht die Möglichkeit, viel Popularität zu erlangen.

Die Sonnenlinie beginnt im Palast des Himmelsvaters:
Erfolg ist hier von den wechselnden Launen des Schicksals, aber auch von Beziehungen abhängig. Personen mit diesem Linienbeginn haben allerdings eine Menge Phantasie und viel Einfühlungsvermögen.

Die Sonnenlinie beginnt im Palast der Felder:
Hier kann sich eine Heirat als ausgesprochen günstig erweisen. Kreativität und starke Antriebskraft machen aus diesen Menschen absolute Gewinner.

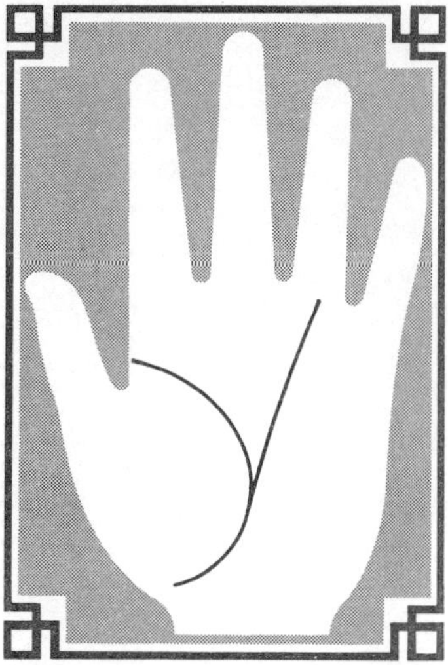

Sonnenlinie beginnt in der Lebenslinie

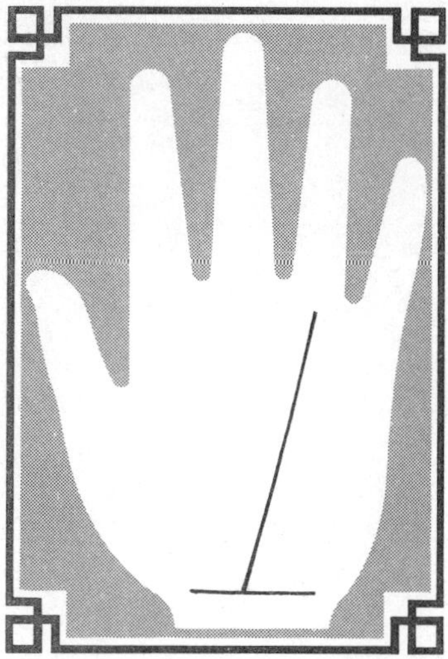

Sonnenlinie beginnt im Jadearmband

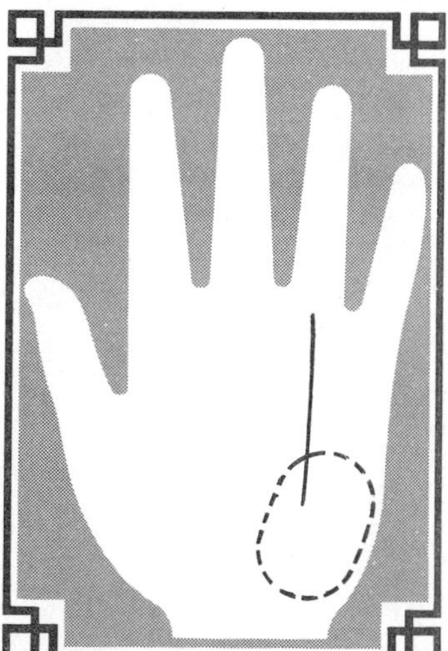

Sonnenlinie beginnt im Palast des Himmelsvaters

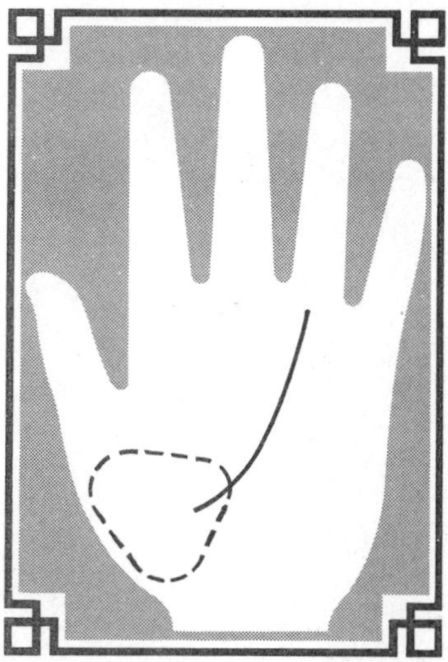

Sonnenlinie beginnt im Palast der Felder

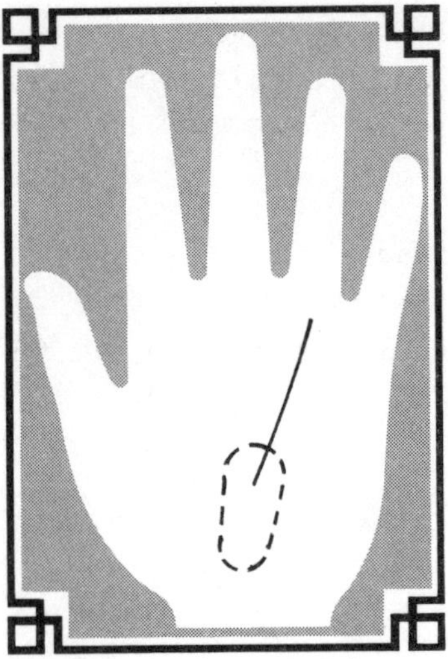

Sonnenlinie beginnt im Palast der Gebirge

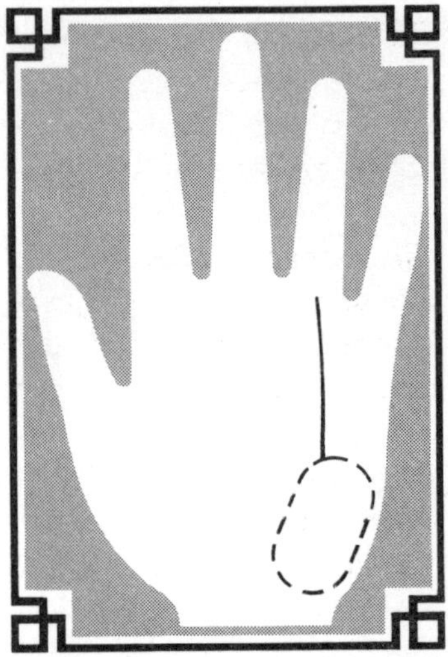

Sonnenlinie beginnt oberhalb des Palasts des Himmelsvaters

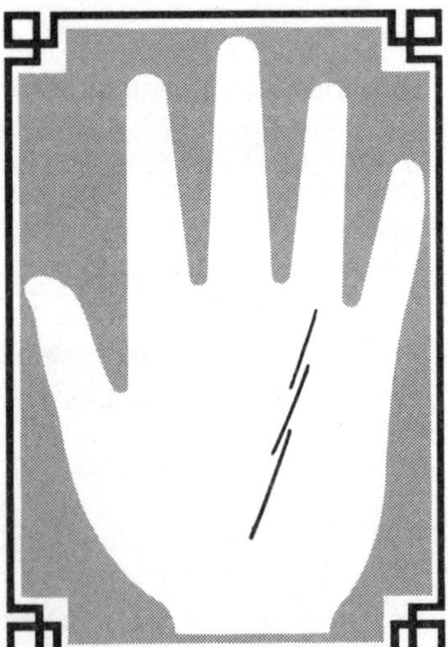

Sonnenlinie gebrochen

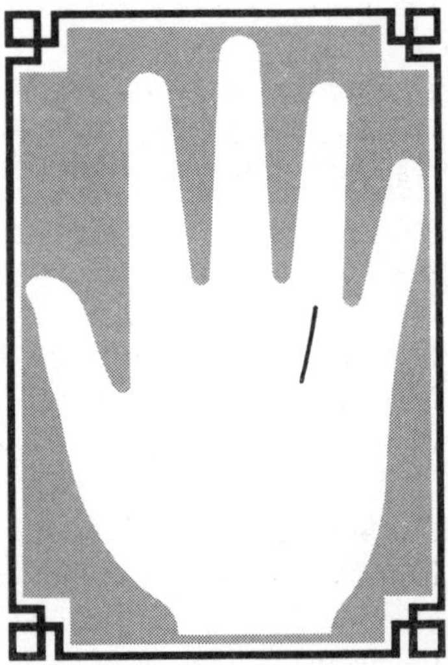

Sehr kurze Sonnenlinie

Die Sonnenlinie beginnt im Palast des Gebirges:
Viel Mühe, Kampf und Anstrengung müssen diese Menschen auf sich nehmen, um es zu etwas zu bringen. Es lohnt sich aber in den allermeisten Fällen.

Die Sonnenlinie beginnt im Palast des Himmels:
Starke Ellbogen muß dieser Mensch haben, um vorwärtszukommen. Manchmal handelt er sogar rücksichtslos, um sein ersehntes Ziel zu erreichen.

Die Sonnenlinie ist gebrochen:
Bruchstellen verweisen auf Mißerfolge von Unternehmungen, die allerdings mit guten Aussichten begonnen hatten.

Die Sonnenlinie ist sehr kurz:
Wenig erfolgreich ist ein Charakter mit der kurzen Sonnenlinie. Erfolg stellt sich meist erst im Alter ein.

Die Sonnenlinie verläuft in mehreren kurzen Parallelstrichen:
Ein schillernder, exzentrischer und vielseitiger Charakter ist hier beschrieben. Meist hat er starke musische Neigungen.

Die Sonnenlinie verläuft quer zum Palast der Trennungen:
Hier muß von häufigen Hindernissen, von Verlusten und Rückschlägen gesprochen werden. Meist kommen solche Menschen aus bedrückenden und engen Verhältnissen. Übertriebenes Neidgefühl ist in diesem Fall die Folge.

Die Sonnenlinie wird von der Kurve durchkreuzt:
Hier sind schwer überwindbare Hindernisse dargestellt, die aber alle Folgen der eigenen Genußsucht und übertriebenen Leichtsinns sind.

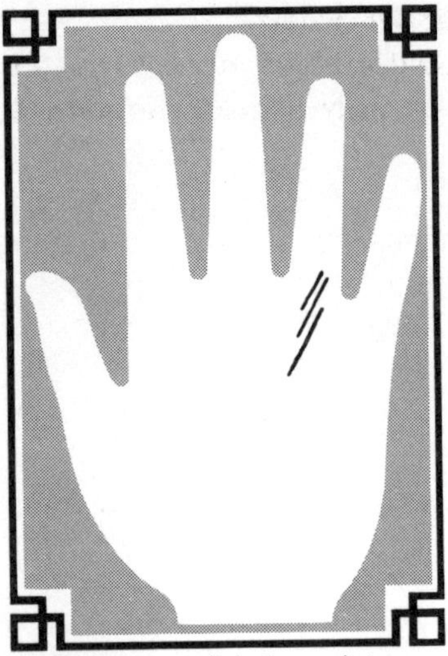
Mehrere parallele Sonnenlinien

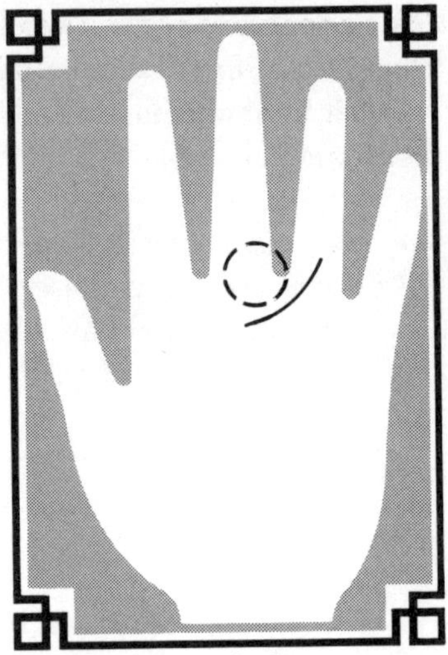
Sonnenlinie verläuft quer zum Palast der Trennungen

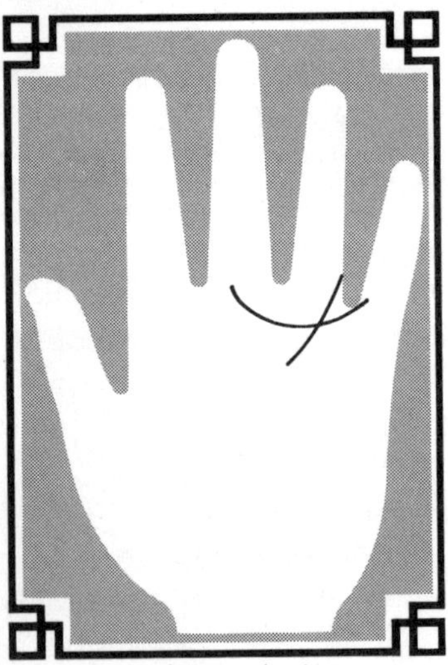
Sonnenlinie wird gekreuzt

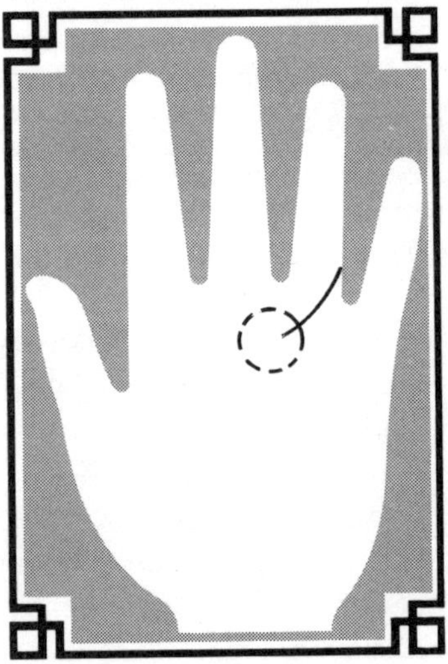
Sonnenlinie beginnt im Palast der Schätze

Die Sonnenlinie beginnt im Palast der Schätze:
Hier ist mit Erbschaften und Geldzuwachs zu rechnen. Finanziell können mit Sicherheit günstige Umstände erwartet werden.

Die Karrierelinie

Bedeutung

Diese Linie ist der Index unserer Karriere, zeigt uns die Möglichkeiten beruflicher Veränderungen und Erfolge, läßt oftmals schon in der Kindheit erkennen, wo unsere Talente liegen und um welche Berufe wir besser einen Bogen machen. Finden sich gar Gemeinsamkeiten in Lebenslinie und Jadesäule (Schicksalslinie), zeichnet sich sogar die Art des späteren Berufs ab.

Die Karrierelinie beginnt zwischen dem kleinen Finger und dem Mittelfinger und verläuft in direkter Linie zu den Handgelenken. Das bedeutet, daß sie in manchen Händen mit der Sonnenlinie zusammenfällt, daß also hier nur eine Linie zu finden ist. Es gibt unterschiedliche Verläufe, die verschiedene Bedeutungen aufweisen.

Findet sich bei der Frau auf der linken Hand eine Verbindung von Ehelinie und Karrierelinie, bedeutet das im Klartext: Sie ist mit ihrem Beruf verheiratet. Zeigen sich diese Verbindungen beim Mann auf der linken Hand, so wird er erst dann die berufliche Erfolgsleiter hinaufklettern, wenn er geheiratet hat.

Liegt die Karrierelinie links, verläuft sie gerade, ungebrochen und ist gut ausgeprägt, dann werden schon in der Jugend die Weichen für die spätere berufliche Laufbahn gestellt (oft wirken die Eltern gezielt auf den Beruf des Kindes ein).

Liegt die Linie auf der rechten Hand, werden schon recht früh Pläne für eine spätere berufliche Karriere gemacht.

Häufig ist die Karrierelinie unterbrochen. Sie kommt erst dann richtig zum Vorschein, wenn sich der berufliche Erfolg bereits eingestellt hat. Findet sich diese Linie an beiden Händen und ist sie gleichermaßen stark ausgeprägt, haben wir es mit dem absoluten Karrieremenschen zu tun. Der Beruf hat Vorrang im Leben und besitzt einen höheren Stellenwert als Liebe und Ehe. Manager und Kaufleute in höheren Positionen sind hier am häufigsten vertreten.

Varianten

Die Karrierelinie verläuft schwach, aber breit:
Es sind sicher Talente und Fähigkeiten für eine gute berufliche Position vorhanden. Aber es ist nicht der Sinn des Lebens, Geld zu scheffeln, sondern Anerkennung und sogar Ruhm und Ehre zu erlangen.

Die Karrierelinie ist schwach und dünn:
Durchsetzungsvermögen, Mut und eine gerhörige Portion Selbstvertrauen sind schon nötig, wenn man beruflich erfolgreich sein will. Diese Menschen haben wenig Unterstützung von anderen zu erwarten. Allein durch die eigene Kraft und durch den Mut, sich allen Problemen zu stellen, werden sie es schaffen, Karriere zu machen.

Die Karrierelinie ist tief und lang:
Diese Menschen sind bezaubernd unkompliziert, freundlich und sehr kontaktfreudig, es fällt ihnen deshalb leicht, ihre Plä-

ne erfolgreich durchzusetzen. Niederlagen sind kein Thema. Das Berufsziel liegt meist klar vor Augen, und Probleme werden mit viel Selbstvertrauen gelöst. Man darf in jedem Fall mit Anerkennung rechnen.

Die Karrierelinie weist scharfe Brüche auf:
Sie deuten immer auf eine berufliche Veränderung oder gar auf einen Wechsel hin. Was durchaus nicht negativ zu sehen ist. Denn häufige Berufswechsel zeigen auch, daß im Hinblick auf die Karriere etwas in Bewegung gerät. Dabei steht die eigene Vergangenheit in unmittelbarem Zusammenhang mit der Suche nach dem richtigen Job. Wer ein spannendes, bewegtes Privatleben hat, bei dem geht auch im Beruf die Post ab. Man könnte es auf einen Nenner bringen: Der Mut zum Risiko wird belohnt. Berufliche Erfolge stellen sich erst dann ein, wenn man sich zuvor umgeschaut und öfter gewechselt hat.

Die Karrierelinie ist gewellt:
Ohne Rast und Ruh wird hinter dem Erfolg hergejagt. Oft wird erst gehandelt, dann überlegt. Wer so gierig auf Karriere ist, blockiert sich leider häufig selbst. Da helfen auch keine Tricks. Und beschummeln kann man nur die anderen, niemals sich selbst. Diese Menschen sollten versuchen, zuerst mit sich selbst ins reine zu kommen und dann Schritt für Schritt die Grundsteine für eine gute berufliche Position zu legen.

Die Karrierelinie verläuft nur in der linken Hand, ist schwach zu erkennen:
Bestimmte Anlagen für einen Beruf sind zwar vorhanden, aber es könnte sein, daß das Berufsziel neu überdacht werden muß. Diese Menschen sind nicht gerade risikofreudig, schieben Entscheidungen gern auf die lange Bank. Der mo-

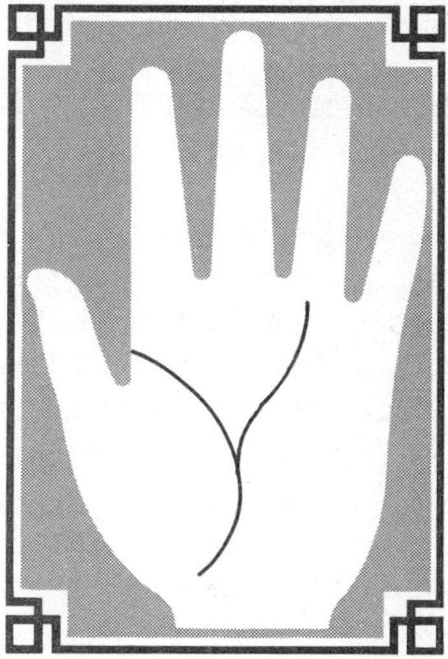

Karrierelinie verläuft in der Lebenslinie

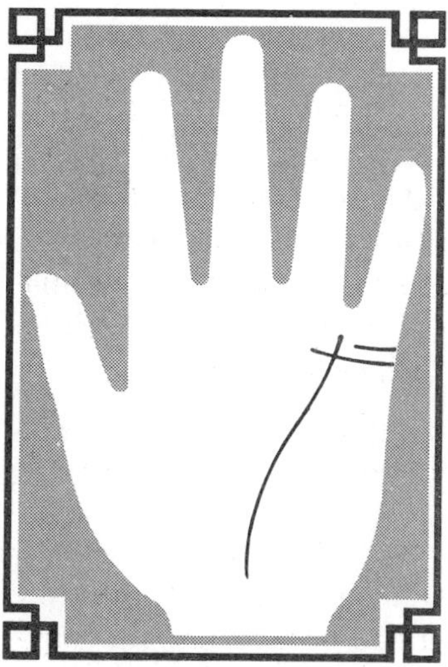

Verbindung der Karrierelinie
mit Ehelinien

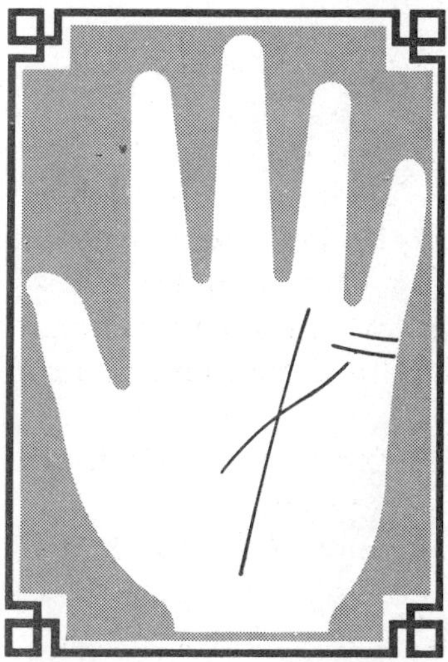

Karrierelinie beginnt am Ringfinger/
beginnt am kleinen Finger

mentane Beruf ist mit Sicherheit nicht der letzte. Karriere läßt sich nur machen, wenn genügend Erfahrung vorhanden ist. Man sollte also ruhig häufiger wechseln.

Die Karrierelinie verläuft in der Lebenslinie:
Tradition wird groß geschrieben. Hier ist deutlich zu erkennen, daß bereits von den Eltern eine Vorentscheidung getroffen, eine bestimmte berufliche Laufbahn quasi in die Wiege gelegt wurde. Es könnte durchaus sein, daß diese Menschen etwa ein Geschäft weiterführen oder in einem Unternehmen neue Akzente setzen. Bei Problemen und Schwierigkeiten wird stets die hilfreiche Hand der Eltern zu finden sein.

Die Karrierelinie verläuft kettenartig nach unten:
Viel zu lachen gab es nicht in der Jugend. Vielleicht bildete die Scheidung der Eltern den großen Einschnitt. Diese Menschen waren von Kindesbeinen an gezwungen, sich über ihr weiteres Leben und ihren Beruf Gedanken zu machen. Sie besitzen daher ein gesundes Durchsetzungsvermögen und sind die geborenen Kämpfernaturen. Das ist gut so, denn der Weg zu einer guten, soliden Karriere erfordert Mühe und Ausdauer. Aber der Kampf lohnt sich.

Keine Karrierelinie:
Sie ist auch völlig überflüssig, denn diese Menschen arbeiten, um zu leben. „Savoir vivre" ist hier die Devise. Karriere ist kein Thema. Man findet hier eine gelassene, solide Lebenseinstellung und ist mit dem, was beruflich bisher erreicht wurde, ganz zufrieden. Wozu also mehr tun, als unbedingt nötig ist?

Kurze Karrierelinie:
Im Rampenlicht werden sie wohl kaum stehen, diese systematischen, soliden Geschäftsleute. Denn ihnen liegt nichts an

Glitzer und Glamour. Vielmehr ist es für sie von enormer Wichtigkeit, durch den Beruf einen materiellen Rahmen zu schaffen. Berufliche Risiken werden nach Möglichkeit vermieden, ein Wechsel kommt nur nach gründlicher Überlegung in Frage. Diese Menschen haben aber durchaus gute Karrierechancen.

Die Linie beginnt an der Handwurzel und endet am Ringfinger:
Phantasie und Intuition sind hier die Zutaten für den Erfolg. Diese Menschen haben in künstlerischen Berufen wie Maler oder Grafiker die besten Erfolgsaussichten. Es sind zähe, sehr selbständige Arbeiter, die sich nicht unbedingt als gute Teamarbeiter auszeichnen. Ihre berufliche Stärke liegt eher im individuellen Alleingang.

Die Linie beginnt an der Handwurzel und endet am kleinen Finger:
Dank ihrer Spontanität und der besonderen Fähigkeit, auf andere zuzugehen, liegt die Stärke dieser Menschen in Berufen, die auch soziale Kontakte mit sich bringen, wie etwa Verkäufer, Reisebürokaufleute, Berater. Bei ihrer Arbeit werden sie stets ihre eigenen Gefühle mit einbringen und so ideale Ansprechpartner sein. Dank der großen geistigen Offenheit und Beweglichkeit ist auch materieller Erfolg möglich.

Die Linie beginnt an der Handwurzel und endet am Mittelfinger:
Ein ausgeprägter Sinn für Moral und Bürgernähe findet sich hier. Diese Menschen haben beste berufliche Aussichten als Rechtsanwälte oder Politiker. Sie sind strebsam und mitunter sogar hartnäckig. Ihr Ziel werden sie mit Sicherheit erreichen.

Die Karrierelinie beginnt an der Handwurzel und endet bei der Herzlinie:
Ein guter sozialer und familiärer Hintergrund ist die Voraussetzung für beruflichen Erfolg – der sich bei diesen Menschen erst nach der Eheschließung einstellen wird. Solche Menschen sind in pädagogischen Berufen gut aufgehoben.

Ehelinien und Kinderlinien

Bedeutung

Die Ehelinien befinden sich auf der Kleinfingerhandkante zwischen Herzlinie und dem Beginn des kleinen Fingers. Es handelt sich hierbei um kleine Querschnitte, die mehr oder weniger intensiv eingeschnitten sein können. Je nach Veranlagung können es mehrere Linien, unter Umständen aber lediglich eine oder gar keine sein.

Wie die Bezeichnung schon sagt, verraten die Ehelinien etwas über die Anzahl und Qualität der Partnerschaften, die im Lauf des Lebens eingegangen werden.

Varianten

Mehrere kurze, oberflächlich eingezeichnete Ehelinien:
In diesem Fall gibt es nur kurzfristige und etwas seichte Verbindungen, die letztlich zu nichts führen.

Ein tiefer, langer Schnitt:
Hier ist die langdauernde, intensive Liebesbeziehung gezeigt, die erst mit dem Tod des Partners ihr Ende findet.

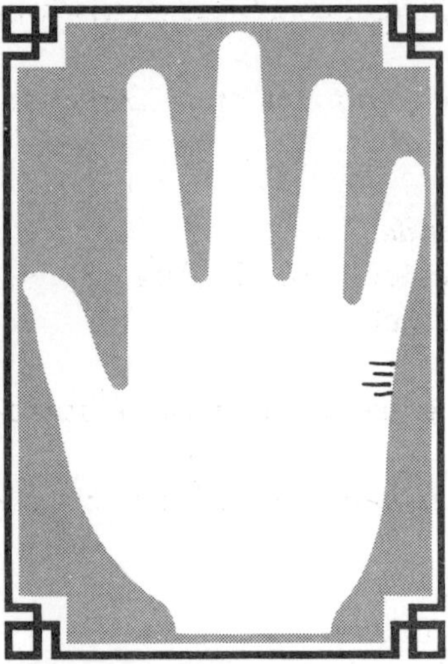

Mehrere kurze Ehelinien

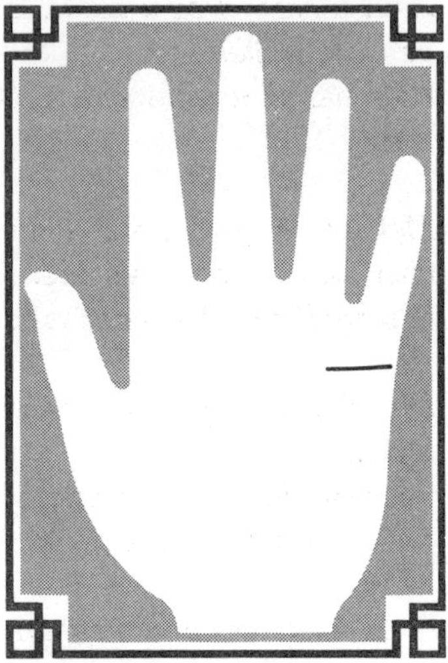

Tiefer, langer Schnitt

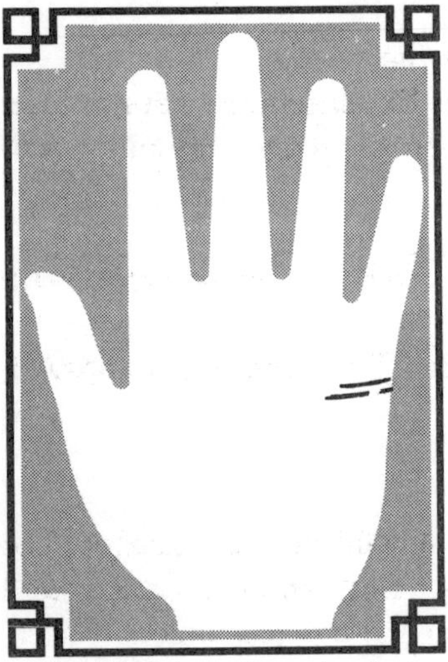

Zwei Ehelinien, untere gebrochen

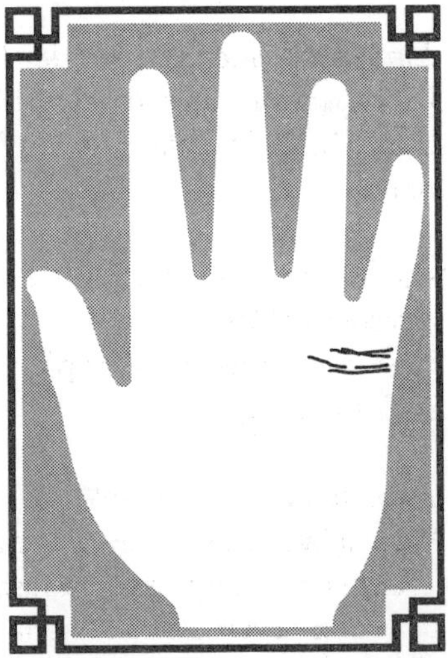

Mehrere längere Ehelinien übereinander

Zwei Linien, wobei die untere gebrochen ist und dann etwas verdickt weiterfährt:
Hier befindet man sich praktisch kurz vor einer Eheschließung.

Mehrere längere Linien übereinander:
Hier werden viele, in ihrer Bedeutung und Qualität sehr unterschiedliche Partnerschaften ausgelebt.

Die Ehelinie ist von vielen kleinen Längsstrichen durchkreuzt:
Sehr viel Streit in der Ehe ist zu erwarten, vor allem wenn die Striche sehr fein gezeichnet sind.

Ein deutlicher Punkt liegt auf der Ehelinie:
Starker Liebeskummer, unerwiderte Liebe, aber auch übertriebene Erwartungen sind hier abzulesen.

Eine Insel bildet sich auf der Ehelinie:
Hier kommt es zu einer großen Enttäuschung während der Ehe. Unter Umständen muß man mit einer Trennung rechnen.

Die Ehelinie wird durch einen starken senkrechten Strich durchschnitten:
Hier kommt es zu einer plötzlichen Trennung beziehungsweise Scheidung.

Die Ehelinie ist gegabelt:
Hier leben sich zwei Partner allmählich auseinander. Die Trennung erfolgt aus langsamer Entfremdung heraus und wird von daher als nicht sehr schmerzhaft empfunden.

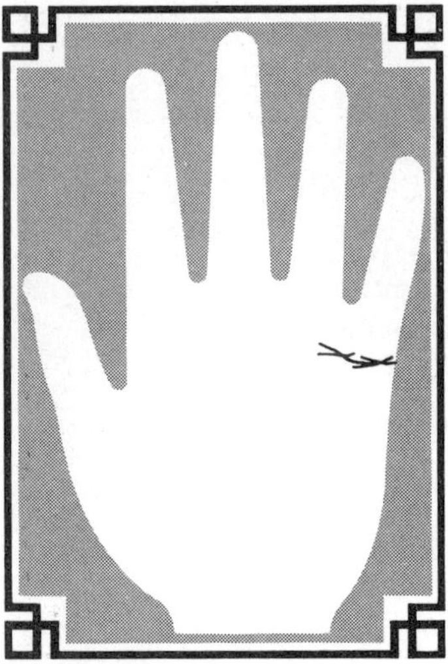

Ehelinie von vielen kleinen
Längsstrichen durchkreuzt

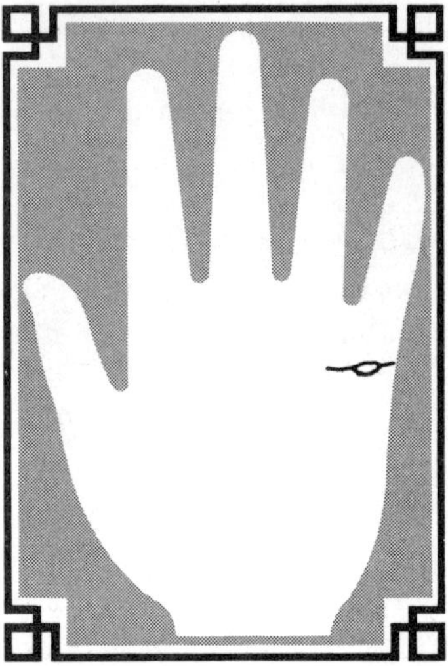

Ehelinie mit Insel

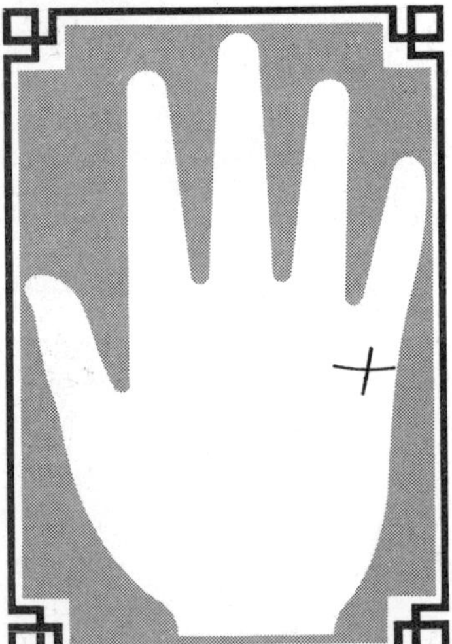

Starker senkrechter Strich durch Ehelinie

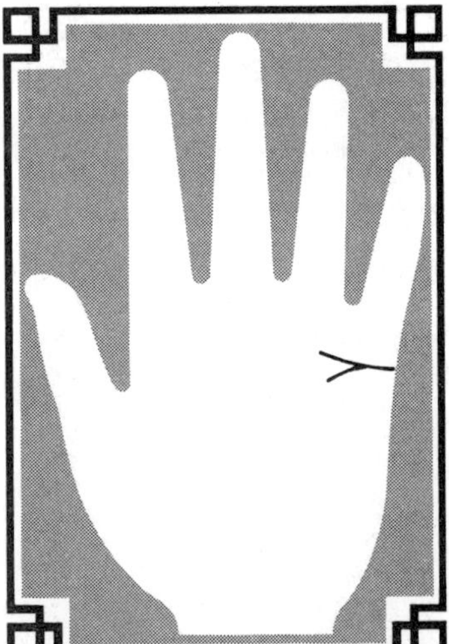

Gegabelte Ehelinie

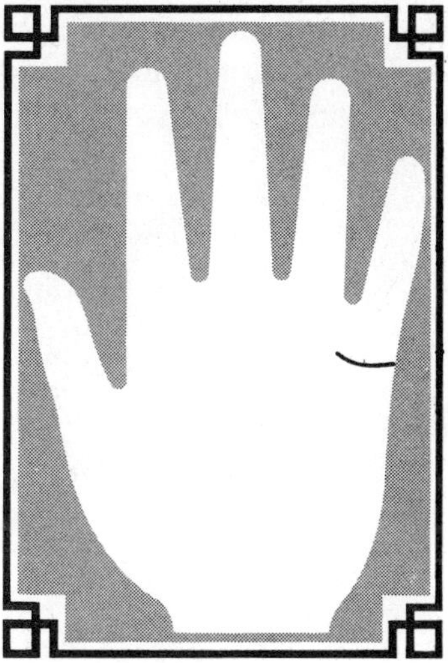

Aufsteigende Ehelinie

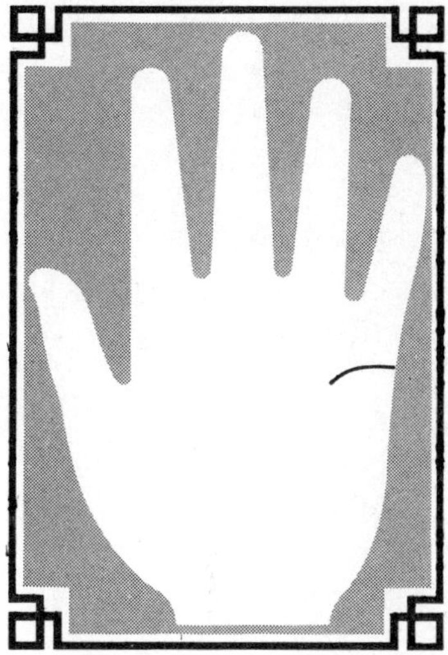

Abfallende Ehelinie

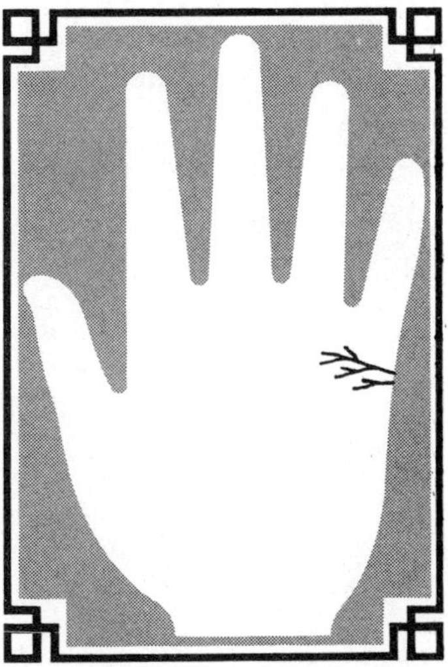

Ehelinien mit Verästelungen

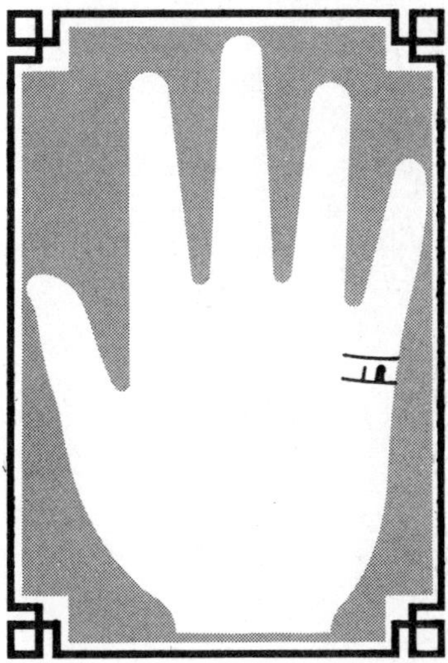

Kinderzeichen

Die Ehelinie steigt nach oben:
Hier sind sich die Partner vor allem im Alter nicht mehr sehr nah. Die Ehe bleibt aber bestehen, wird sozusagen formal weitergeführt.

Die Ehelinie fällt nach unten ab:
Trostlosigkeit und Langeweile sind in dieser Ehe vorherrschend.

Die Ehelinie ist mehrfach verästelt:
Die Familie ist gegen eine Eheschließung. Aus diesem Grund entstehen manche Mißhelligkeiten in der Partnerschaft.

Kinderzeichen:
Ein starker, kurzer, senkrechter Strich auf der Ehelinie bedeutet, ein Junge wird geboren.

Eine dünne, kurze Senkrechte auf der Ehelinie zeigt, ein Mädchen wird geboren.

Kurze senkrechte Striche ohne Verbindung zur Ehelinie bedeuten Fehlgeburten oder Abtreibungen.

Mehrere Pfeile auf der Ehelinie können ein Hinweis darauf sein, daß eine Erbkrankheit mit in die Ehe gebracht wird.

Die Intuitionslinie

Bedeutung

Die Intuitionslinie beginnt im Palast des Himmels und endet im Normalfall im Palast der Freude. Sie bildet einen flachen Bogen.

Menschen, die über besondere schöpferische Kräfte verfügen, besitzen meist eine Intuitionslinie. Sie zeichnen sich durch ein hohes Maß an Einfühlungsvermögen aus, das in manchen Fällen fast schon als Hellsichtigkeit bezeichnet werden kann. Besonders fein in der Wahrnehmung, reagieren sie mit äußerster Sensibilität auf Vorgänge, die anderen gar nicht bewußt werden. Sie besitzen sozusagen eine Antenne, eine Art Fühler für Vorgänge jenseits des konkret Faßbaren. Phantasie, ein gutes Gedächtnis und Klarheit im geistigen Bereich treten hier besonders deutlich zutage.

Allerdings haben diese Charaktere meist unter ihrer hypernervösen Verfassung zu leiden. Auch werden sie manchmal von allerlei bösen Vorahnungen heimgesucht, die sich dann meist als richtig erweisen. Man hat es also nicht unbedingt leicht, wenn man Besitzer einer Intuitionslinie ist.

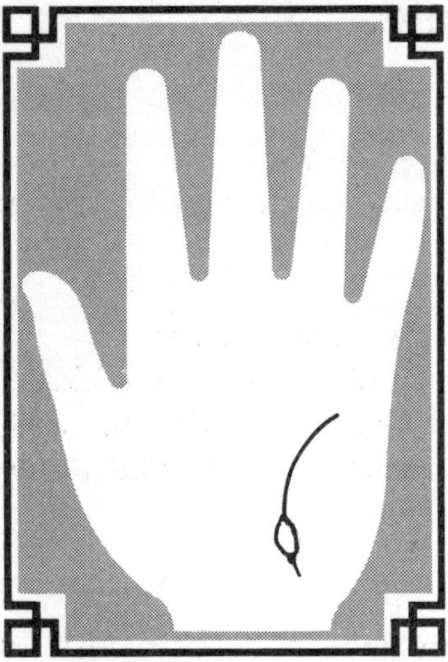

Intuitionslinie mit Insel am Anfang

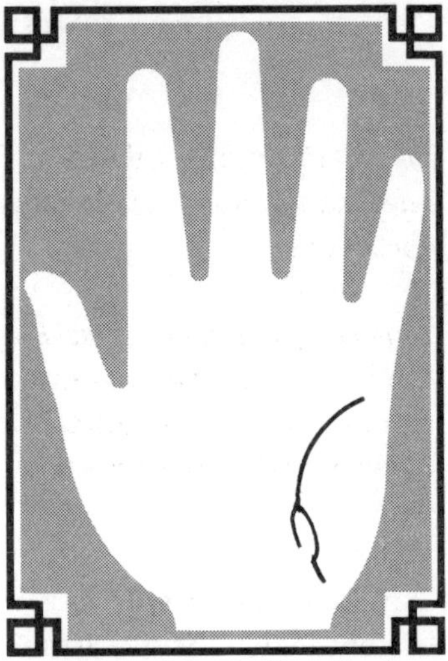

Intuitionslinie mit offener Insel

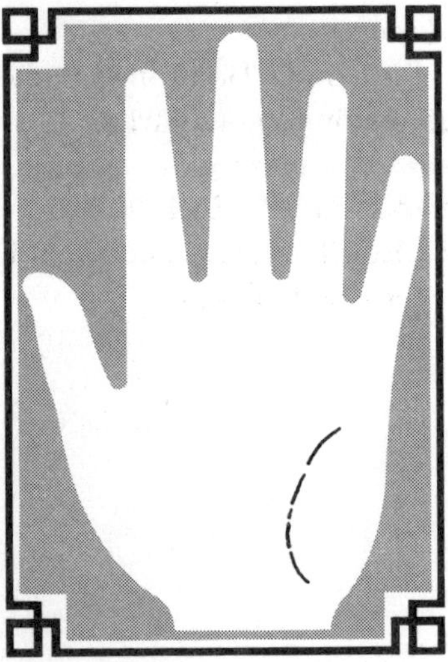

Unterbrochene Intuitionslinie

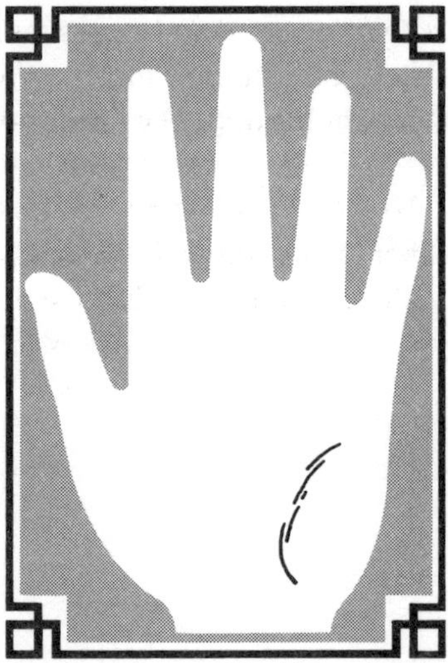

Intuitionslinie aus vielen kleinen Linien

Varianten

Die Intuitionslinie bildet am Anfang eine Insel:
Hier kann man von Hellsichtigkeit, von magischen Kräften sprechen.

Eine offene Insel liegt am Beginn der Intuitionslinie:
Ein launisches Temperament, auch die Neigung zu leichtsinnigem Handeln beherrscht diese Charaktere. Zudem verfügen sie über eine Phantasie, die wenig mit der Realität zu tun hat.

Auf der Intuitionslinie liegt ein Stern:
Die intuitiven Kräfte lassen vorübergehend nach. Man ist häufigen Täuschungen unterworfen.

Die Intuitionslinie ist häufig unterbrochen:
Hier blockieren eigene Wünsche und Bedürfnisse die Wahrnehmung. Die intuitiven Kräfte können nicht wirken.

Die Intuitionslinie besteht aus vielen kleinen Linien:
Hier beginnen sich die intuitiven Kräfte gerade erst zu entfalten. Unbewußte Inhalte dringen ins Bewußtsein.

Das Jadearmband

Bedeutung

Das Jadearmband, im westlichen Sprachraum als Raszette bezeichnet, liegt direkt unterhalb der Handwurzel am Handgelenk. Deutlich sichtbar werden die Linien dann, wenn man die Hand leicht nach innen biegt und sie anschließend wieder streckt. Je älter man ist, desto mehr Linien werden sichtbar, denn jeder Ring repräsentiert dreißig Jahre.

Das Jadearmband symbolisiert körperliche Ausgeglichenheit, physische Kraft und die Art und Weise der Herkunft. Aus ihm läßt sich praktisch unser Stammbaum ableiten, da es den untersten, den tiefsten Punkt der Handfläche bildet.

Varianten

Die Ringe verlaufen ungebrochen über das Handgelenk:
Kraft, Vitalität und Energie sind die wesentlichen Merkmale dieses Charakters. Sollte die Lebenslinie nur schwach gezeichnet sein, kann das Jadearmband dies wieder ausgleichen.

Der erste Ring ist kettenartig:
Dies bedeutet ein arbeitsreiches Leben, wobei auch Wider-

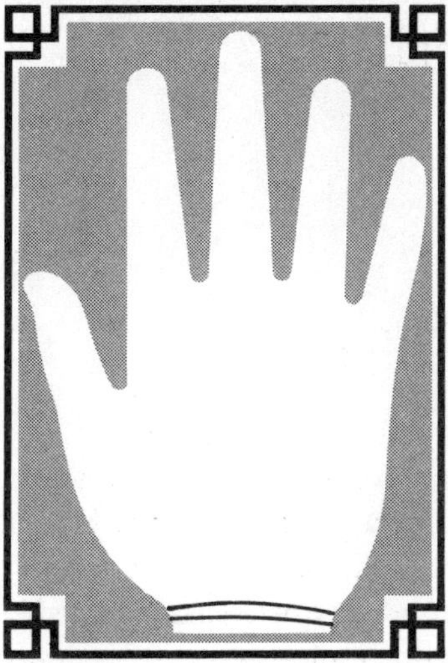

Jadearmband ungebrochen

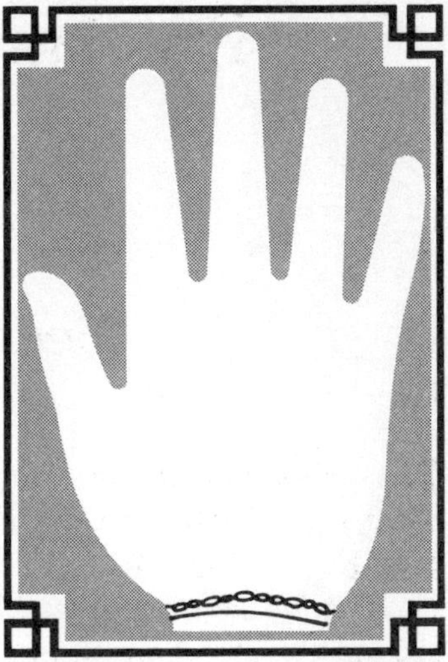

Jadearmband, erster Ring gekettet

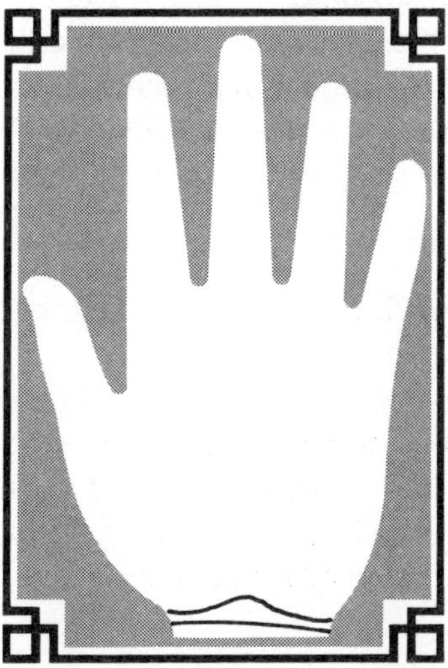

Erste Linie des Armbands in der Mitte hochgezogen

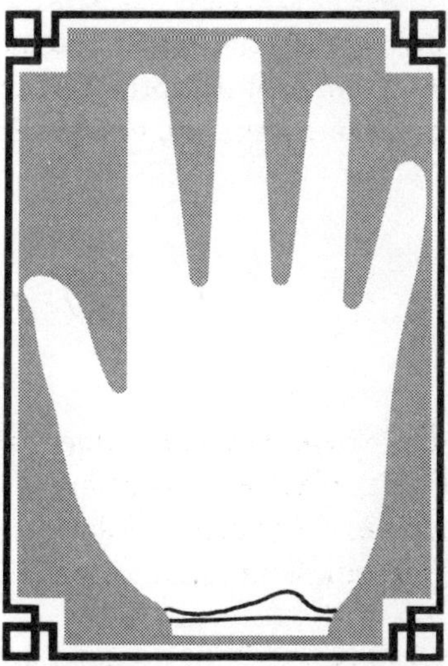

Erste Linie des Armbands aufsteigend zum Palast des Himmelsvaters

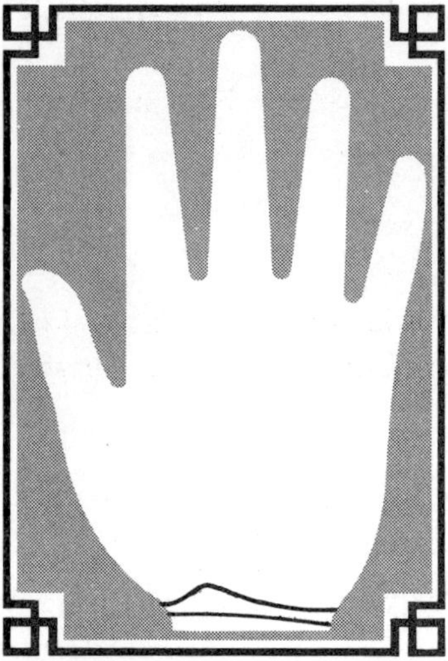

Jadearmband aufsteigend
zum Palast des Windes

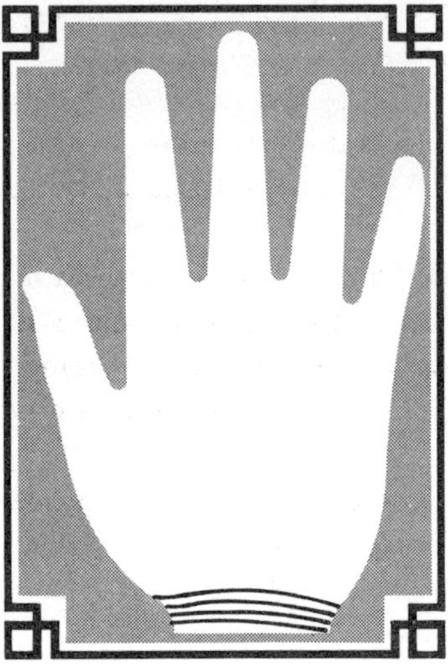

Jadearmband aus vier deutlichen Linien

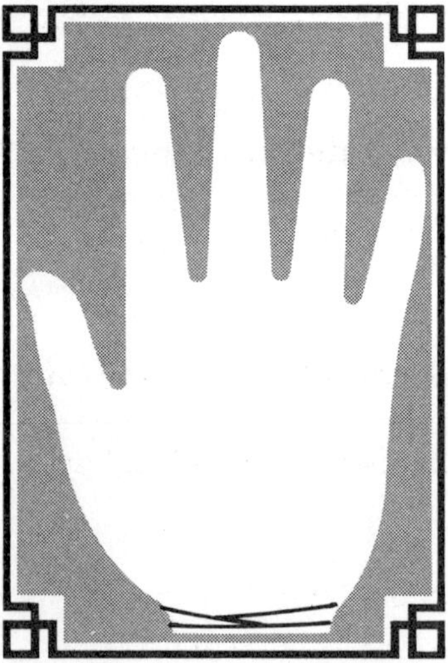

Zwei Äste des Jadearmbands bilden
einen spitzen Winkel

stände, Hindernisse und ungünstige Phasen der Energie keinen Abbruch tun.

Charaktere mit diesem Armband gewinnen ihr verlorenes Gleichgewicht immer wieder zurück, da sie in allen Lebenslagen Mut und Ausdauer besitzen.

Das Jadearmband ist schlecht geformt:
Hier besteht eine Neigung zu Extravaganzen, zu einem den Verhältnissen nicht angemessenen Lebensstil. Aus diesem Grund häufen sich die Sorgen.

Das Jadearmband ist sehr dünn und schwach:
Dieser Fall zeigt eine schwache körperliche Konstitution an. Auch herrscht ein extremer Mangel an Durchhaltevermögen und Ausdauer.

Die erste Linie zieht in der Mitte zur Handinnenfläche hoch:
Dies kann ein Zeichen für schmerzhafte und schwere Geburten sein.

Die aufsteigende Linie liegt auf dem Palast des Himmelsvaters:
Dieser Verlauf kündigt meist zahlreiche Reisen und Entdekkungen an.

Eine Linie des Jadearmbands führt aufwärts in Richtung zum Palast des Windes:
Dies läßt auf eine lange Reise schließen, eventuell auf eine Niederlassung im Ausland.

Es gibt vier gut und deutlich gezeichnete Linien:
Dies bedeutet auf jeden Fall ein langes Leben bei guter körperlicher Verfassung.

Zwei Äste des Jadearmbandes bilden einen spitzen Winkel: Hier kündigt sich eine reiche Erbschaft an. Charaktere mit dieser Winkelbildung können ihr Leben lang mit Unterstützung von außen rechnen.

Die Dreiecke

Das große Dreieck

Das große Dreieck liegt, wenn es vorhanden ist, im Palast des Gebirges und wird durch Lebens-, Kopf- und Intuitionslinie gebildet.

Ist das große Dreieck klar und deutlich gezeichnet, verlaufen alle drei Linien glatt und gerade, so spricht dies für eine stabile körperliche Verfassung, ein ausgezeichnetes Gedächtnis und die Fähigkeit, eigenständige Entscheidungen zu treffen.

Bildet anstelle der Intuitions- die Sonnenlinie einen der drei Schenkel des Dreiecks, so muß von kleinlichem bis pedantischem Denken gesprochen werden. Allerdings sind Typen mit dieser Dreiecksbildung meist große Individualisten und ausgesprochen resolut in ihren Handlungen.

Wichtig bei der Deutung des großen Dreiecks ist auch die Winkelbildung.

Winkel zwischen Kopf- und Lebenslinie:
Handelt es sich hier um einen spitzen Winkel, sind Klarheit von Verstand und Geist augenfällig. Meist sind Menschen mit dieser Winkelbildung ungemein kultiviert, geistreich und feinfühlig im Umgang mit anderen.

Der stumpfe Winkel läßt dagegen auf fehlenden Takt und eine etwas dumpfe Geisteshaltung schließen. Ein stumpfer

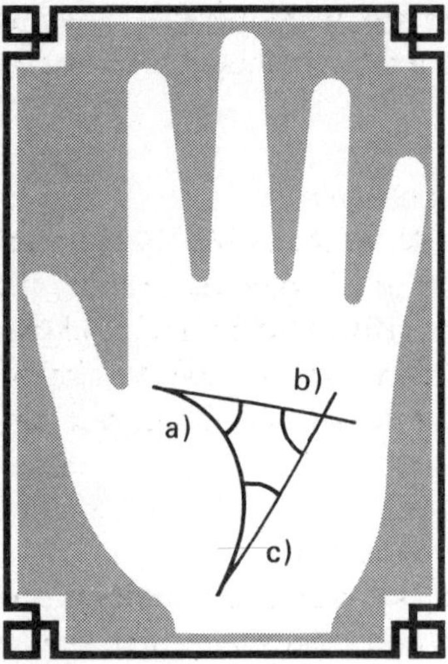

Großes Dreieck

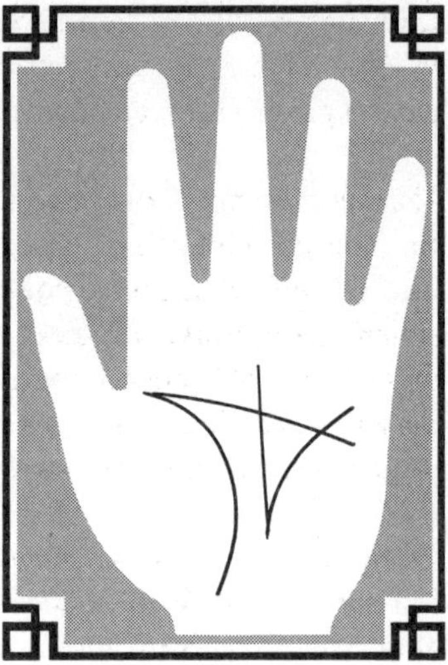
Kleines Dreieck

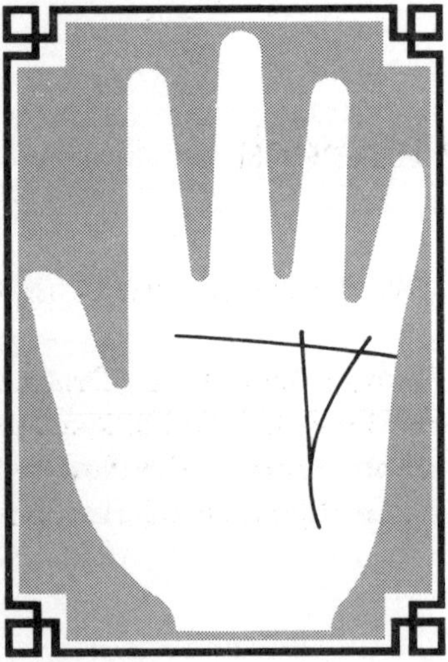
Hohes Dreieck

und weiter Winkel kennzeichnet ein ungeduldiges, hastiges Wesen. Hier muß von einem auffälligen Mangel an Konzentration gesprochen werden.

Winkel zwischen Kopf- und Intuitionslinie:
Ein spitzer Winkel an dieser Stelle verrät stabile Gesundheit und schnelle Auffassungsgabe. Ist er allerdings sehr spitz, fast scharf, dann muß von einer zarten Konstitution und hochgradiger Nervosität gesprochen werden. Der stumpfe Winkel an dieser Stelle deutet auf einen interesselosen Charakter hin, dessen Stumpfsinn sprichwörtlich ist.

Winkel zwischen Lebens- und Intuitionslinie:
Ein sehr spitzer Winkel weist auf schwache Gesundheit und eine Neigung zum Geiz, während Menschen mit einem stumpfen Winkel an dieser Stelle meist ein großzügiges und kräftiges Naturell haben.

Das kleine Dreieck

Das kleine Dreieck wird durch die Intuitions-, Kopf- und Schicksalslinie gebildet.

Geistige Arbeiter sollten im Grunde über dieses Dreieck verfügen, da es Gedankentiefe und intellektuelle Fähigkeiten verspricht. Es bildet sich meist schon während der Kindheit oder Jugend heraus und kann bei den eigenen Kindern beobachtet werden.

Das hohe Dreieck

Dieses Dreieck wird von Herz-, Sonnen- und Intuitionslinie geformt. Meist ist es in Händen von Menschen zu finden, die hellseherische Kräfte haben. Aber auch naturwissenschaftliche Interessen und eine ärztliche Begabung sind häufige Merkmale von Charakteren, die über ein hohes Dreieck verfügen.